W0065385

Stuttgart, im Oktober 1989

Vorwort

Zugegeben: den Erfolg der Top Tausend X habe ich nicht erwartet. Auch die ungezählten kleinen und großen Geschenke nicht, mit denen unsere Hörerinnen und Hörer den beiden Moderatoren sechs Tage und fünf Nächte lang das Durchhalten erleichtern wollten — eine Sympathiebekundung, wie ich sie in 30-jähriger Tätigkeit für das Radio noch nicht erlebt habe. Und wohl auch eine Sympathiebekundung für das gute alte Dampfradio, das nach wie vor von allen Medien am schnellsten informiert, das den Horizont erweitert und selbst in der Unterhaltung immer noch für eine Überraschung gut ist. Der Beweis, so scheint mir, ist geglückt.

Dr. Friedmar Lüke
Hörfunkdirektor
SDR Stuttgart

Stefan Siller/Thomas Schmidt

Top Tausend X
Das Buch zur Show

FACTOR : VERLAG : STUTTGART : GMBH

Fotos:
(siehe Bilderverzeichnis am Schluß des Buches)

Umschlaggestaltung:
Thilo Rothacker

Lektorat:
Regine Breinersdorfer

Redaktion, Herstellung:
Sabine Messinger

Techn. Beratung:
Conus, Stuttgart
Softpoint, Kernen

Filmbelichtung:
Newline GmbH, Stuttgart

Satz und Grafik:
Apple Macintosh IIx

Druck:
Pressedruck Augsburg

Copyright:
FACTOR : VERLAG : STUTTGART : GMBH

ISBN: 3-925860-23-1

Printed in Germany 1989

Inhalt

Und der Äther lebt doch

Enthüllungen zweier Weltrekordler
(Siller & Schmidt)

Blow the house down (792)

«Zweihundertzweiunddreißig,   zweihundertdreiunddreißig,
zweihundertfünfunddreißig — Mist, verzählt. Nochmal. Zwei-
hundertdreißig, zweihundertein…»

«Sag mal, was machst du da eigentlich?»

Diese Mischung aus gespieltem Vorwurf, Verständnislosigkeit
und leichtem Spott in Tonfall und Blick von Musikredakteur
Yogi Rathfelder machten mir schnell klar: er hatte mich mal
wieder bei einer sinnlosen Beschäftigung ertappt.

Ja nun, ich saß in seinem Büro und zählte Postkarten — als
ob es im Moment nichts Wichtigeres zu tun gäbe. Das Musikprogramm für die nächste Frühsendung zum Beispiel, das wir
zusammenstellen wollten. Doch an diesem Tag sprachen wir
ein wenig aneinander vorbei.

«Also», sagte Yogi und legte eine Platte auf. «Aufmacher fünf
Uhr fünf — okay?»

«Zweihundertvierzig, zweihunderteinundvierzig — ich hab's
gleich.»

Jetzt wurde Yogi förmlich. «Herr Schmidt» — die Betonung
lag auf Herr — «wären wir mit dieser Platte als Aufmacher um
fünf Uhr fünf einverstanden?»

«Was hat Siller für eine Nummer?»

Ja, der Yogi ist geduldig. «51» lautete seine knappe, aber ein-
deutige Antwort, und ich tippte die Zahl in unserer Hausrufanlage ein. Über die kann man sich nur brüllend verständigen,
dafür kommt aber auch immer nur die Hälfte der Botschaft
beim anderen an.

«Stefan» brüllte ich also.

«A!» brüllte er zurück.

«Zweihundertdreiundvierzig»

«Einundvierzig?» ließ sich Siller vernehmen.

«Ja — zweihundertdreiundvierzig. Zwei, vier, drei!!»

«Könnte etwas mehr sein».

Eine, wie sich Wochen später herausstellen sollte, vergleichs-
weise leichtsinnige Äußerung. 243 Postkarten für die Top Tausend X an diesem Tag, eine knappe Woche nachdem wir mit
der Werbung für dieses Projekt begonnen hatten.

Damals waren wir noch gut erholt und ahnungslos. Wir
wußten nur eines: wir wollten den Rekord von RIAS Berlin bre-

chen, die größte Hitparade der Welt machen, und zwar richtig. Also galt erst einmal nur eines: möglichst viele Karten mußten her. 8000, 9000 sollten es schon sein.

Siller, der schnelle Rechner, befand deshalb jeden Posteingang unter 400 Karten für zu dürftig. Ich dagegen war froh, daß nach nur wenigen Tagen ein ansehnlicher Stapel auf dem Tisch lag. Allein heute 243 Zuschriften, im Zeitalter des Telefons, war doch schon mal was.

«Können wir dann jetzt?» Yogi deutete auf den Musikfahrplan und legte eine weitere Platte auf. «Einverstanden?»

«Also, ich finde, wir sollten schon noch ein bißchen mehr Werbung für die Top Tausend X machen.»

Jetzt zwirbelte der geduldige Musikredakteur nur noch seinen Schnurrbart und sagte nichts. Wahrscheinlich dachte er schon insgeheim daran, daß er in wenigen Wochen mehr als 1000 Musiktitel aus dem Archiv kramen müßte. Allmählich wurde Ernst aus dem, was vor einem starken halben Jahr als nebulöses Ideen-Gemisch entstanden war.

Talkin' 'bout a revolution (72)

Die mittwöchentliche Sitzung des SDR 3-Teams war an ihrem effektivsten Punkt angelangt: man sprach nur noch in kleinen Zirkeln oder zu sich selbst. Das bevorstehende Feiertagsprogramm war an diesem trüben Novembertag abgehakt worden.

Ein jeder weinte ein paar Freudentränen ob der Mehrarbeit und hatte nur noch den Jahreswechsel im Auge, wenn der Streß vorüber sein würde. Nur einer erwies sich als weitblickend. Beherzt griff Stefan Siller das Stichwort *10 Jahre SDR 3* auf, das irgendein workaholic noch rasch in die Runde geworfen hatte.

Auch wenn es bis dahin noch ein knappes Jährchen ist, sollten wir vielleicht mal nicht spät wie immer, sondern frühzeitig mit den Planungen dafür beginnen. Original-Ton Siller: «Da muß was Spektakuläres laufen, 'ne Marathon-Moderation oder so was. Wir müssen viel mehr mit solchen Sachen auf uns aufmerksam machen.» Und es dauerte auch tatsächlich nur über fünf Monate, bis wir von der Idee zur Tat schritten.

Man schrieb Freitag, den 21. April 1989. Ich hatte mir extra einen halben Tag freigenommen, um ihn unter anderem damit zu verbringen, eine Kiste ostfriesischen Bieres nach Hause zu schleppen. Der Kenner ahnt, was das bedeutet: Siller hatte sich für den Abend zum Besuch angesagt.

Ich würde eher sagen, ich bin einer freundlichen Schmidtschen Einladung gefolgt. Aber vielbeschäftigte Leute wie wir treffen sich natürlich nicht einfach zum Essen oder Trinken, höchstens zu einem Arbeitsessen.

So hatte ich mich gründlich vorbereitet, das heißt, ich war ins Archiv gegangen und hatte mir die Seite mit den Medienereignissen aus dem *Guinness-Buch der Rekorde* kopiert. Erste Erkenntnis: Die Amerikaner hatten leider schon elend lange Radiosendungen in den Äther gejagt, und Meldungen für Dauermoderationen wurden gar nicht mehr angenommen. Aber RIAS 2 stand mit einem Rekord zu Buche, der mir so unschlagbar nicht schien: Die längste Hitparade der Welt, die je im Radio gelaufen war; 1001 Titel in dreieinhalb Tagen, präsentiert von neun Moderatoren. Das wäre doch gelacht: wir senden zu zweit auch vier Tage durch — mit mindestens 1002 Titeln. Zweite Erkenntnis: ich war an diesem Tag nicht der einzige, der sich das Rekordbuch vorgenommen hatte.

Der erste Gang war verputzt, wohl auch das zweite Fläschchen friesisch-herben Pilses geleert, als der dienstliche Teil des Abends mit der Erkenntnis begann: Wir hatten beide die gleiche Idee gehabt, die gleiche Kopie gezogen, waren beide zum gleichen Schluß gekommen: «RIAS packen wir!» Gepackt haben wir an diesem Abend noch ein paar Fläschchen, wobei wir unsere Idee natürlich immer fabelhafter fanden.

Irgendein Pils war dann auch die Flasche der Erkenntnis; es könnte Probleme geben. Vier Tage Hitparade hieße: vier Tage müßten sämtliche Sendungen ausfallen.Vier Tage lang kein *Popcorner, Tip*, keine *Leute*, kein *Aktuell, Espresso, Treff, Plattenpost, Point, Saloon, Schlafrock, Nachtrock*. Und vor allem nachts keine Übernahme von einem anderen Sender. Denn das war klar: «Wir machen durch bis morgen früh! Vier Tage lang!»

An diesem 21. April wurde es noch nicht so spät.

Don't worry be happy (78)

«Rias, guten Tag!»

«Süddeutscher Rundfunk, Siller, ich hätte gern jemanden von der Musikredaktion von RIAS 2 gesprochen.»

«Moment, bitte.»

«Ja, hallo?»

«Süddeutscher Rundfunk, guten Tag. Wer kann mir denn etwas über Ihre Weltrekordhitparade vor zwei Jahren sagen?»

«Ja, warten Sie, ich verbinde mal.»

«Brüggemann.»

«Siller vom Süddeutschen Rundfunk in Stuttgart…»

Ich bete mein Sprüchlein herunter: Wir wollen uns an den Weltrekord wagen, und ich wüßte gern, wie das damals gelaufen ist. Wieviele Zuschriften, wieviele Titel konnte jeder Hörer nennen, wie war das Echo..

«Tja, so genau weiß ich das auch nicht. Die sind alle nicht mehr da. So rund 8000 Zuschriften, das könnte hinkommen. Ich glaube, da hat jeder nur seinen Lieblingstitel geschrieben. Das ist toll gelaufen: Wir waren Stadtgespräch, die Cassetten waren überall ausverkauft. Wir haben das ja zweimal gemacht. Erst zum 750. Geburtstag Berlins mit 750 Titeln, und dann haben wir noch eins draufgesetzt mit 1001. Das reicht uns jetzt. Viel Glück.»

Tja, was soll man davon halten. 8000 Zuschriften, das ist natürlich ganz wacker, aber sie ergeben auch nur 8000 Titelnennungen. Wie haben die daraus eine Reihenfolge von 1 bis 1001 errechnet? Erst später werden wir erfahren, daß die Kollegen des SFB 2 großes Mißtrauen gegenüber dem Zustandekommen der Hitparade ihrer Konkurrenten hegen und annehmen, daß die Rangfolge nicht ganz ohne eigenes Zutun erstellt worden sein könnte.

Wir jedenfalls wollen aussagekräftige Charts. So beschließen wir, daß jeder Hörer seine Top Ten einschicken soll. So läßt sich auch unser Doppeljubiläum gut verpacken: «Schickt uns eure 10 Lieblingstitel aus den letzten 40 Jahren zu den Geburtstagen 10 Jahre SDR 3 und 40 Jahre SDR.»

Irgendwann während unserer Vorbereitungen fällt uns eher beiläufig ein, daß wir vielleicht ein weiteres Telefonat tätigen sollten. Wenn wir nicht nur einen Weltrekord aufstellen, son-

dern ihn auch in dem berühmten Buch der Rekorde verewigt wissen wollen, dann sollten wir diesen Versuch bei der deutschen Guinness-Redaktion anmelden. Anruf also in Berlin:

«Ullstein-Verlag.»

Gute Frau, wir haben große Pläne, und die sehen so aus... Ich erkläre unser Vorhaben.

«Aha, Sie wollen also eine längere Hitparade senden. Und Sie haben sonst nichts anderes im Programm?»

«Nein, alle Sendungen fallen aus. Wir machen natürlich Nachrichten, und wenn irgend etwas Sensationelles passiert, müssen wir sicher aus journalistischen Gründen...»

«Nein, das geht natürlich nicht, Sie dürfen nur die Hitparade moderieren.»

Ach — das ist ja eigentümlich. Da könnte der Bundeskanzler entführt werden oder noch Schlimmeres passieren, und wir dürften es vor den Nachrichten nicht verraten. Aber das läßt sich jetzt nicht vertiefen.

«Na gut, oder schlecht. Aber wenn wir nur Werbung und Nachrichten...»

«Werbung? Nein, Werbung geht auch nicht.»

«Wie — Werbung geht nicht? Die haben wir immer im Programm, davon leben wir.»

«Wie schön für Sie. Aber RIAS 2 ist ein werbefreies Programm, und wenn Sie den Rekord brechen wollen, müssen Sie sich an die Spielregeln des amtierenden Weltrekordlers halten.»

Ach du liebe Güte! Das ist ja ein Ding. Nur weil der RIAS von der Bundesregierung finanziert wird, soll unser Rekord nicht anerkannt werden. Ich biete meinen ganzen Charme auf, aber die Dame läßt sich nicht erweichen. Das einzige, was ich erreiche, ist eine Art Strohhalm: «Sie können uns ja nochmal schreiben. Vielleicht sieht mein Chef die Sache anders.»

Na gut, sehr überzeugend klang das nicht, war es wohl auch nicht gemeint. Der folgende Briefwechsel bringt das erwartete Ergebnis: Meldung abgelehnt, wir kommen mit Werbung nicht ins Buch.

Nach kurzer Enttäuschung folgt bei uns die Trotzphase. Sollen die uns doch gestohlen bleiben. Wenn wir's schaffen, dann sind wir Weltrekordhalter, egal, was irgendein Verlag dazu sagt!

Da werden sich die Berliner Kollegen freuen, denke ich mir und rufe nochmal beim RIAS an.

Landliebe Schulmilch.
Die schlaueste Flasche in der ganzen Schule.

«Brüggemann.»

«Siller, SDR, Tag Herr Brüggemann. Bald ist es soweit, aber Sie können ganz beruhigt sein. Sie bleiben im Guinness-Buch. Da dachte ich mir, es wäre doch eine nette kollegiale Geste, wenn wir miteinander telefonieren, wenn der Weltrekord fällt, also wenn wir den 1002. Titel spielen.»

Kurze Pause. «Ja, da erwischen Sie mich gerade kalt. Das müssen wir mal überlegen. Ich rufe Sie zurück.»

Am nächsten Tag finde ich einen Zettel auf meinem Schreibtisch: Anruf Brüggemann — er will nicht.

Muß ja auch nicht sein.

Our house (550)

SDR 3-Redaktionsleiter Hans-Peter Archner verfügt über eine Eigenschaft, ohne die er diesen Job nicht machen könnte: er hat Sinn für Humor. Gemessen an den Nervereien, die im Vorfeld und auch während der Top Tausend X durchzustehen waren, müssen wir ihm an dieser Stelle doch einmal größten Respekt dafür zollen, daß er uns in dieser Zeit kein einziges Mal angebrüllt oder die fristlose Entlassung angedroht hat. Und wir waren oft bei ihm im Büro.

«Hanse, was ist jetzt mit der Hitparade?»

«Jaaaa, ist beantragt.» Stunden später. «Hanse, hast du schon was gehört wegen der Hitparade?» «Nein, ich weiß auch nicht, wo's gerade hängt.» Tage später. «Hanse, nochmal wegen der Hitparade…»

«Also was ich bis jetzt gehört habe, sieht's ganz gut aus. Aber offiziell ist noch nichts.»

«Es ist halt nur, wir müssen irgendwann mal damit anfangen, Werbung dafür zu machen.»

«Mhmh.» Und dann fuhr Hanse erstmal in Urlaub.

Doch wer da glaubt, öffentlich-rechtlicher Rundfunk sei zu verstaubt und schwerfällig, der wurde spätestens jetzt eines Besseren belehrt. Es war kein einziges Mal der Fall, daß irgend jemand aus der *Hierarchie* dem ganzen Projekt Widerstand entgegengesetzt hat, obwohl es dabei ja nun um mehr als die einmalige Verschiebung der Wasserstandsmeldungen ging. Wie zu erwarten war, gingen die Tage ins Land. Je höher einer in der Hierarchie steht, desto mehr Verantwortung trägt er, desto gründlicher will eine Entscheidung überlegt sein. Und wir brauchten Entscheidungen vom Chefredakteur, vom Sendeleiter, vom Programmdirektor — und von der Studiotechnik. Schließlich wollten wir nachts eine neue Programmstrecke haben und brauchten also eine Technikschicht mehr. Das kostet Geld…

Geld galt es auch für die Hitparade selbst loszueisen, denn wir hatten mit einer generösen Handbewegung beschlossen, mit satten Preisen hübsche Anreize zum Mitmachen zu schaffen. Angefangen beim popeligen CD-Player bis hin zu Flugreisen und einem knalligen Hauptgewinn. Auch das war eine Aufgabe wie maßgeschneidert für den Kollegen Archner, der in dieser Angelegenheit allerlei Kostproben unserer Phantasie serviert bekam. Aber wie gesagt — er hat ja Sinn für Humor. Was die Kollegin Petra Klein nicht davon abhielt, einen unkonventionellen ersten Preis vorzuschlagen — eine alte Musikbox, bestückt mit den ersten vierzig Plätzen der Weltrekord-Hitparade. Das würde ja auch nur ein paar tausend Mark kosten. Auch für Peter Ziehe — Sportreporter und zu dieser Zeit SDR 3-Redakteur — spielte Geld plötzlich keine Rolle mehr. Seit Tagen trieb ihn kaum ein anderer Gedanke um als das Problem — wie werten wir die Hitparade überhaupt aus? Ausgerechnet Peter, unser Mann fürs Seriöse, der wie kein anderer Grundsatzdiskussionen über die aktuelle Berichterstattung anzetteln und dann auch gnadenlos führen kann. Ausgerechnet Peter, den man nachts um drei wecken kann, um von ihm einen Vortrag in Fußball-Regelkunde über den Unterschied zwischen Strafstoß und Elfmeter zu hören — er ließ sich nun auf die Niederungen einer Hitparade herab. Sein Grübeln konnte nicht ohne Ergebnis bleiben. «Wißt ihr was?», verkündete er eines Morgens der verblüfften Gemeinde, die gerade mal nicht an die Hitparade, sondern an so schnöde Dinge wie das tagesaktuelle Programm dachte. «Ich rufe mal bei einer Computerfirma an. Die müßten doch ein Programm für die Kartenauswertung entwickeln können. Und dann holen wir uns ein paar Schüler, die diese Daten eingeben können, sind doch eh Ferien».

Zugegeben, an diese Möglichkeit hatte noch keiner so recht gedacht. Ich selbst ging — in Unkenntnis der bevorstehenden Hörerbeteiligung — davon aus, die Karten von Hand auszuzählen. Nach dem Motto — jeder hilft mal mit. Gut, daß wir auch Leute mit Blick für die Realität beschäftigen. Peter Ziehe zum

Beispiel. Er war es auch, der zu einem sehr frühen Zeitpunkt eine ganz andere existenzielle Frage stellte: «Sagt mal, wenn ihr da rund um die Uhr moderieren wollt — wo schlaft ihr dann eigentlich zwischendurch?»

Unsere Überlegungen wurden derweil konkreter. Um möglichst viel Zeit für die Vorbereitung zu haben, legten wir unsere Aktion in die letzte Ferienwoche. Start: Montag, 14.8.1989.

«Aber nicht so früh morgens.» Ich dachte an mein Schlafbedürfnis. «Wir müssen ja nicht gleich müde anfangen.»

Thomas dachte gleich marketinggerecht: «Am 14.8. um 14 Uhr 8 fangen wir an.»

Einen Namen für unser Kind brauchten wir auch noch. Klar war, daß wir mehr als 1001 Titel spielen mußten, um den Rekord zu brechen. Wir hatten aber noch keine Ahnung, wie lang unsere Hitparade werden würde — eine Unbekannte also.

«Wie wäre es, wenn wir sie *Top Tausend X* nennen würden!»

Thomas — der Mann für griffige Formulierungen.

Ähnlich griffig und eindeutig waren die Kommentare wohlmeinender Zeitgenossen:

«Ihr seid ja bescheuert!»

«Macht ihr das etwa freiwillig?!»

«Habt ihr schon den Psychiater bestellt…»

With a little help… (1154, 30)

«Was hat Siller für 'ne Nummer?»

«51» antwortet Yogi Rathfelder monoton. Ich tippe die Zahl, die ich mir nicht merken kann, auf der Hausrufanlage.

«Stefan!»

«A!»

«Schon wieder über tausend, und gestern waren's siebenhundert.»

«Super!»

Die Hierarchie hat grünes Licht gegeben, seit drei Wochen heißt die Botschaft von SDR 3 *Schmerz oder Kollaps, alles oder nichts — wir wollen den Rekord.* SDR 3-Top Tausend X, ein Koloß gewinnt langsam an Fahrt. Als das erstemal an einem Tag über tausend Postkarten ankommen, glauben wir schon, der Zenit der Hörerbeteiligung sei überschritten. Doch dann kommen schon wieder sechshundert. Und dann elfhundert.

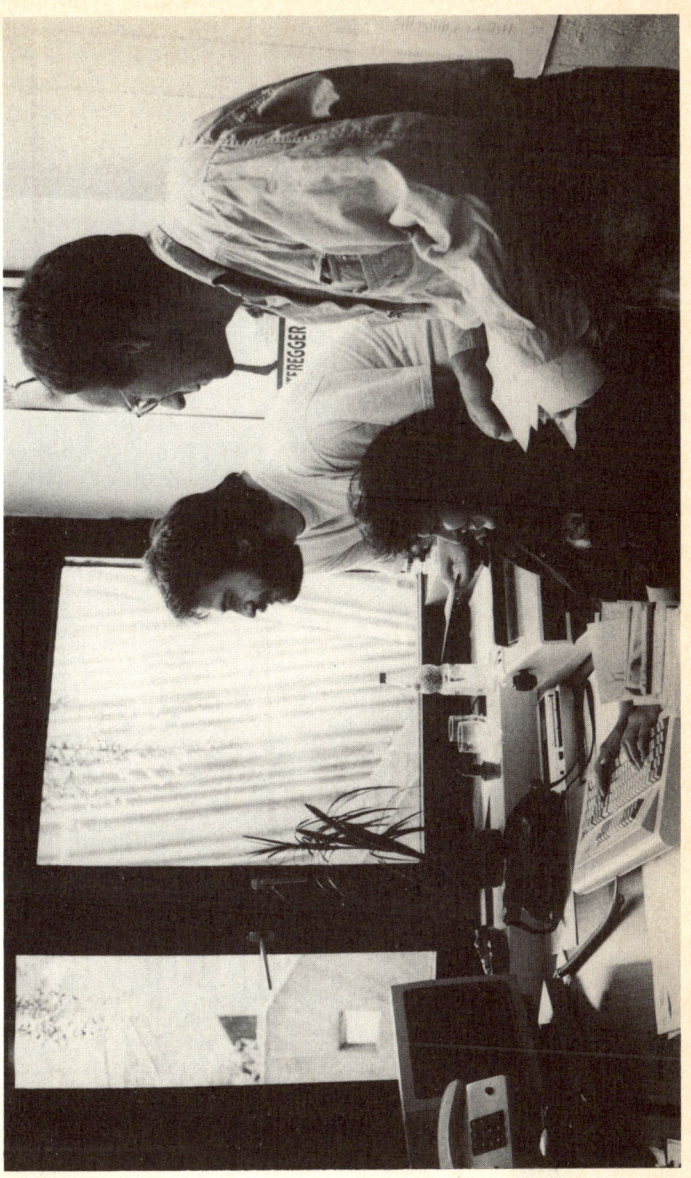

«Ich weiß auch schon, wer am Schluß das meiste Geschäft damit hat», begeisterte sich Yogi noch am Anfang der Aktion, doch jetzt kann er sich eigentlich nicht beklagen: er muß seine Post nicht mehr persönlich aus seinem Fach holen, er bekommt sie seit einigen Tagen gebracht.

Der Kollege von der Poststelle ist vom Top Tausend X-Fieber erfaßt worden. Fein säuberlich sortiert er die eingehenden Karten vor, bricht auch hie und da das Postgeheimnis, um zu sehen, was die Leute so wünschen («Sind super Sachen dabei») und bringt am Nachmittag den kompletten Eingang in Kartons bei Rathfelder vorbei. Nach vier Wochen sind wir enttäuscht, wenn es mal *nur* fünfhundert Karten sind. Und ich habe es aufgegeben, die Zuschriften zu zählen. Nur bei einer Kollegin schlägt die anfängliche Freude über die tolle Resonanz so nach und nach in Ernüchterung um. Und das ist verständlich. Als Birgit Groß, Sekretärin in der Abteilung *Leichte Musik*, sich freiwillig zum Kartenauswerten meldete, konnte sie auch nicht ahnen, daß das Ganze mit der ersten Bekanntschaft mit der eigenen Schmerzgrenze enden würde. Immerhin — Peter Ziehe hatte uns den rechten Weg gewiesen. Wir werteten per Computer aus. Nicht durch eine Fremdfirma freilich, denn nach dem Motto *warum denn in die Ferne schweifen...* sind wir irgendwann draufgekommen, daß der Süddeutsche Rundfunk ja ein Großbetrieb mit eigener EDV ist. Und daß da nette Kollegen arbeiten. Gerhard Lutz heißt der Meister aller Tasten, der in Nullkommanix ein Computerprogramm entwickelte, mit dem Birgit Groß für mehrere Wochen ihr Leben teilen sollte.

Wie die kleinen Buben vor der elektrischen Eisenbahn standen Stefan und ich des öfteren vorm Bildschirm und staunten, was so'n Computer alles kann. Jederzeit konnten wir erfahren, wieviele Titel denn nun schon erfaßt sind, mit wievielen Punkten wer gerade führt, welcher Interpret die meisten Titel in der Hitparade hat und so weiter.

Nur — das tollste Computerprogramm nützt nichts, wenn es nicht von genügend Leuten bedient wird. Es wurde rasch klar, daß Birgit alleine unmöglich den Wust von Karten bearbeiten kann. Mit den Überstunden hätte sie irgendwann zwei Jahre Urlaub machen können. Es gab rasch Verstärkung durch Sandra Dujmovic, die man scheinbar nirgendwo anders als im Funkhaus treffen konnte. Denn beide mußten neben der Titeleingabe auch noch ihren normalen Job in der Abteilung machen. So kam es schon mal vor, daß Sandra morgens um fünf aufkreuzte, um Senderegie für *Popcorner* zu machen, anschließend setzte sie sich an den Computer, assistierte dann bei Höreraktionen im *Leute-Sommerservice*, schrieb laufende Musikprogramme, um danach wieder am *Chart-Computer* zu sitzen. Und zwar bis weit nach Einbruch der Dunkelheit. Wenn ich zum *Schlafrock* ins Funkhaus kam, ist mir öfter eine junge Dame mit seltsam stierem Blick begegnet. Das war dann Sandra.

Die Flut der Postkarten riß nicht ab, die beiden werteten es allmählich als persönliche Schikane, daß wir trotzdem immer noch Werbung für die Top Tausend X im Programm machten. Aber so waren wir dann auch wieder. «Über zehntausend Karten müßten wir eigentlich schaffen», meinte Stefan — und fuhr in Urlaub.

Im Grunde hätten wir allmählich wirklich eine eigene Top Tausend-Hauptabteilung aufmachen können. Zwei weitere Kolleginnen meldeten sich freiwillig, um wenigstens stundenweise Titel einzugeben. Halbtagskräfte wurden von außen angeheuert, doch hier mußten wir erfahren, daß der Teufel im Detail steckt. Denn je mehr Leute mit der Titeleingabe befaßt waren, um so größer war die Fehlerquote. Der Computer rechnete immer nur dann die Punktzahlen eines Musiktitels zusammen, wenn er auch jedesmal exakt gleich eingegeben wurde. Wenn also Sandra die Stones mit *Satisfaction*, Birgit dagegen mit *I can get no satisfaction* eintippte, erschien dieser Titel zweimal in der Auswertung. Und weil die Hörer auf ihren Karten häufig nicht den richtigen Titel, sondern irgendeine Textzeile schrieben — nicht selten in Schriften des alten Ägyptens —, mußten schon richtige *Dr. Musics* am Terminal sitzen.

Und je mehr Postkarten eingegeben wurden, desto mehr entwickelten sich Birgit und Sandra zu wandelnden Rock-Lexika. Wenn man eine von beiden fragte — von wem war noch mal dieses *Hiroshima*, kam wie aus der Pistole geschossen Wishful Thinking. Auch jene Hörer, die sich bei der Angabe ihrer Lieblingstitel mit Stichworten wie *Jeans-Werbung* begnügten, stellten auf die Dauer kein Problem mehr dar. Damit konnte nur *Wonderful world* von Sam Cook gemeint sein. Will heißen: letztendlich blieb die Hauptarbeit, egal wieviele sonst noch mithalfen, doch an den beiden hängen, denn sie mußten aufgrund ihres *Herrschaftswissens* ständig aushelfen, Fragen beantworten und die Nerven der Helfer beruhigen. Da hallte schon öfter ein

SAVE OUR ROMANTIC

markiger Schrei durch die Flure des Funkhauses, wenn jemand nach der Eingabe von 2000 Titeln (also einer Tagesarbeit) feststellen mußte, daß diese auf Nimmerwiedersehen irgendwo im System verschwunden waren. Durch Computer-Überlistung gelang es zwar meistens, die Eingaben zu retten, aber Birgit Groß ist es auch selbst passiert, daß sämtliche Titel, die sie (auch das noch) an einem Wochenende dem Computer anvertraut hatte, spurlos verschwunden waren. Es blieb nichts anderes übrig, als nochmal von vorne anzufangen. Überhaupt wurde das allmählich zum arbeitspsychologischen Problem, das fehlende Gefühl, *was weggeschafft* zu haben.

Da saßen sie nun und top-tausend-tippten wie die Wildsüdlichen — doch die Zahl der neu eingehenden Karten überstieg die der eingegebenen täglich um ein Mehrfaches. Feinfühlige Kollegen schauten denn auch öfter mal mit einem Arm voller Postkarten vorbei und meinten aufmunternd «Guckt mal, was heute wieder alles gekommen ist». Nicht zu vergessen die betriebsüblichen Querköppe, die überhaupt nicht einsahen, daß sich plötzlich alle um *diese Hitparade* kümmern mußten, nur um sie dann hinterher selbstredend auch als ihren ganz persönlichen Erfolg zu feiern. Doch alle Rück- und Gegenschläge führten dazu, daß momentane Verzweiflung in Fatalismus umschlug. Sandra und Birgit wuchsen über sich selbst hinaus. «Und wenn ich bis zum Beginn der Hitparade überhaupt nicht mehr schlafe — wir schaffen das». Dieser Satz fiel etwa einen Monat vor dem *Tag Top Tausend X*, und schon jetzt legte sich Birgit nächtens einen feuchten Waschlappen über die Augen, um die Schmerzen vom Bildschirm-Flimmern zu lindern. Es half nichts — so wie wir das geplant hatten, konnte es auf keinen Fall weitergehen. Wir mußten uns etwas einfallen lassen.

Genug ist nicht genug (906)

«Kürze wäre ein erstrebenswertes Gut», sprach dereinst ein wegen seiner blumigen Moderation geschätzter Kollege. Wortreich beschrieb er damit das, was jedem Radiomacher eingeschärft wird, wenn er noch ein Zauberlehrling ist: formuliere knapp und verständlich. In den Tagen vor den Top Tausend X wurde diese Kunst bei SDR 3 bis zur Perfektion beherrscht. Man sprach in Zahlen.

Als ich eines Morgens mit SDR-Techniker Harald Schäuffelen zusammentraf — er beendete seine Nachtschicht, ich begann mit der Frühsendung —, da begrüßte er mich mit den Worten «Vierzehnhundertachtundfünfzig».

Ich antwortete mit einem entschiedenen «Fünfzehnhunderteins». In Klartext übertragen war der Inhalt unseres Gesprächs die Anzahl der Titel, die wir in der Hitparade schließlich spielen wollten. Eine Frage, die wir erst dann beantworten konnten, als wir anhand der Computerauswertung wußten, welche Titel so häufig genannt wurden, daß man von einer aussagekräftigen Hitparade sprechen konnte. Wir hatten, um überhaupt mal einen Anhaltspunkt für uns selbst zu schaffen, die untere Grenze bei 100 Punkten angesetzt. Das entsprach nach der jüngsten Zwischenauswertung etwa Platz 1500 in der Hitparade. Das waren immerhin schon dreihundert mehr, als wir uns nach dem ursprünglichen Zeitplan ausgerechnet hatten. Gerechnet vom Start an, den wir mit Beginn der letzten Ferienwoche auf Montag, den 14.8. festlegten, wollten wir ungefähr Freitag nachmittags bei der Nummer eins angelangt sein. Über'n Daumen wären in dieser Zeit 1200 Titel möglich gewesen, also 200 — und damit genügend — mehr, als die Kollegen vom RIAS geschafft hatten.

Doch plötzlich hatte Redaktionsleiter Hans-Peter Archner eine andere zeitliche Rahmenvorstellung. «Ich fänd's gut, wenn das irgendwann Freitag nachts im Nachtrock zu Ende gehen würde». Ah ja. Wo ich doch schon für Freitagabend die Einladung zweier Kollegen aus der Technik zu einer Gartenfete angenommen hatte. Freilich vorbehaltlich dessen, daß ich dann a) noch bei Bewußtsein und b) noch transportfähig sein würde. Es wäre schön gewesen. Bis Freitagnachmittag moderieren und hinterher auf einer Fete ordentlich die Birne zuballern. Und jetzt kam der Chef und verlangte auch noch Überstunden. Wobei die Idee ja was hatte. Freitag nachts läuft nicht irgendein Nachtrock, Freitag nachts läuft immer der ARD-Nachtrock vom Süddeutschen Rundfunk als, wie das so schön heißt, *gebende Anstalt*. SDR 3 all over Germany. Die ganze Nation könnte also am Ende der weltlängsten Hitparade teilnehmen. Lediglich die Seperatisten vom Bayerischen Rundfunk und vom Südwestfunk sind bei der nationalen Nachtversorgung nicht mehr dabei, aber auf einige Provinzen kann man getrost verzichten. Dabei wollte Hans-Peter mit seiner Idee das Angenehme mit dem Eigennützlichen verbinden: just in jener Freitagnacht würde er sich urlaubshalber in Norddeutschland aufhalten und könnte so dennoch kontrollieren, wie Siller und Schmidt sich bis ans bittere Ende schlagen.

Andererseits: wenn schon verlängern, warum dann nicht bis zu einem Zeitpunkt, an dem möglichst viele das Ende, die Nummer eins, mitkriegen können. Also Samstagvormittag? Wieviele Titel könnten wir bis dahin spielen? Harald Schäuffelen hing der Zahl 1458 an. Aus gutem Grund: er hatte es tatsächlich geschafft, unseren Hauptgewinn an Land zu ziehen. Als passionierter Restaurator von Flippern und Musikboxen hat er da auch so seine Quellen. Und nun stand sie seit ein paar Tagen in bunten Farben leuchtend im SDR 3-Sendestudio — die Original Rock-Ola Musikbox aus dem Jahr 1958 mit der Modellnummer *1458*. Bezahlt war sie noch nicht. Wir hatten auch noch keine Ahnung, aus welchem Etat die Kohle kommen sollte. Was uns beruhigte, war die Gewißheit, daß die gute Seele Harald uns das Ding weit unter dem realen Sammlerwert von ca. 7000 Mark überlassen würde. Aber ich denke, manchmal kann man nur was erreichen, wenn man nicht lange fragt, sondern einfach macht. Und wenn wir vom Haus kein Geld für diesen Gewinn bekommen, dann sammeln wir halt dafür — was soll der Geiz?

1458 Titel also in den Top Tausend X, der Musikbox-Seriennummer wegen. Auch kein übler Einfall — wenn ich mich nicht schon auf die 1501 versteift hätte. Denn in einer abermaligen Zwischenauswertung hatte ich auf dieser Position einen Titel entdeckt, der für einen Einstieg in die Mammutsendung wie geschaffen wäre: *Herzlichen Glückwunsch* von der Gruppe Spliff. Nur — bei über fünfzehnhundert Titeln wäre der Samstag vormittag als Finale auch nicht mehr zu halten. Na und? Dann machen wir eben noch länger, auf die paar Stunden kommt's auch nicht mehr an. Haralds berechtigte Zwischenfrage: «Sag mal, weiß Siller eigentlich schon, daß er noch nicht am Freitagnachmittag mit dieser Sendung fertig sein wird?» «Nö.» Harald bog sich vor Lachen, weil er sich den armen Stefan ahnungslos in seinem Urlaubsdomizil vorstellte. Ich hatte zwar seine Telefonnummer, aber wegen solcher Kleinigkeiten wollte ich ihn nicht belästigen. Ahnungslos war allerdings auch noch der Redaktionsleiter, der noch von Freitagnacht als Ende der Hitparade ausging. Bevor wir ihn mit unseren neuen Ideen er-

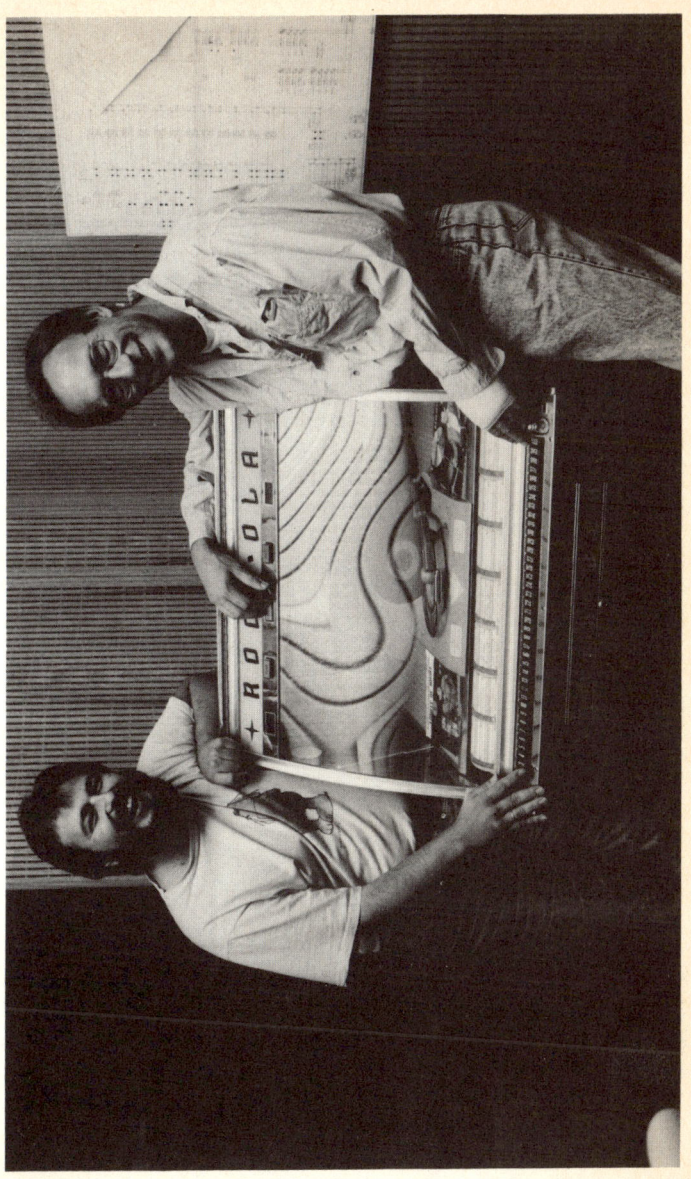

freuten, wollte Harald erst einmal einen definitiven Plan austüfteln, wie lange wir nun wirklich für 1501 Titel brauchten. Harald schreibt nämlich gerne Listen.

Und so lag wenig später zu Hause auf seinem Schreibtisch ein Wochenkalender im Format DIN A2. Die Tage Montag bis Samstag waren säuberlich unterteilt in jeweils 24 Stunden. In jedem Stundenkästchen stand eine Zahl: die Sollzahl. Fassungslos saß ein Kumpel von Harald vor diesem Kalendarium und dachte: «Jetzt hat es ihn endgültig erwischt. Jetzt schreibt er schon sinnlose Zahlenkolonnen auf einen Wochenkalender.» Der Kumpel konnte ja nicht wissen, daß es sich hier um die raffiniert ausgeklügelte Logistik der größten Radioschlacht aller Zeiten handelte. Jedenfalls — nach Haralds Berechnungen müßten wir am Samstagnachmittag um 14 Uhr acht bei der Nummer eins angelangt sein. Vorausgesetzt, wir hielten uns an Haralds Vorgaben. Eine äußerst theoretische Annahme. Und weil er so was schon ahnte, bläute er uns mehrfach vor dem Start der Hitparade ein: «Immer diesen Plan im Auge behalten. Wenn ihr schon weiter seid als die im Plan angegebene Plazierung, dann seid ihr im Haben, könnt es also ruhiger angehen. Wenn ihr hinterher seid, kürzer fassen. Wenn Ihr mehr als zehn Titel im Soll seid, gilt es Maßnahmen zu ergreifen.»

Es sollte eine einzige Woche des Maßnahmenergreifens werden.

You can't always get what you want (322)

Hans-Peter Archner war begeistert. «Die lachen schon immer, wenn ich wieder was wegen der Hitparade will,» beschrieb er seine Vorsprachen in der SDR-Hierarchie. Bis Freitagnachmittag war die Hitparade genehmigt, jetzt sollte er nochmal 24 Stunden für uns heraushauen, obwohl sämtliche Dienstpläne für die Zeit nach den Top Tausend X schon gemacht waren. «Und dann hier» — Hanse schob mir ein Formular über den Schreibtisch — «einen bescheuerteren Antrag habe ich noch nie unterschrieben.» Es handelte sich um unser Zimmer im nebenan gelegenen Parkhotel. Für die Kostenübernahme des Hauses

IN DER SZENE GEHT ES UM DEN GUTEN TON

... und beim Geld nicht nur um Banknoten. Gefragt sind gut aufeinander abgestimmte Arrangements. Diese Harmonie ist Sache unserer Experten für vier wichtige Lebensbereiche:

Für Ihre gewinnbringende Geldanlage. Für Ihr ganz persönliches Finanzierungsmodell. Für Ihre Bausparpläne. Und für Ihre persönlichen Versicherungen.

Das Profi-Arrangement besorgt für Sie die ⚫-Finanzgruppe: die Sparkasse im Verbund mit ihrer Südwestdeutschen Landesbank, der Landesbausparkasse und der Sparkassen-Versicherung.

Sparkasse Ⓢ Landesbank
Landesbausparkasse
Sparkassen-Versicherung

mußte ein *Dienstreiseantrag* ausgefüllt werden. Da sorgte schon die Spalte *Entfernung in Kilometer* und *Anreise mit welchem Verkehrsmittel* für Heiterkeit. Wobei mich die Geschichte mit dem Hotelzimmer zunächst nicht so sehr erheiterte, hatten Stefan und ich doch in der gleichen Bierlaune, in der die Idee mit den Top Tausend X entstand, auch die Vorstellung entwickelt, während der moderationsfreien Zeit auf dem Feldbett im Funkhaus zu knacken. Freilich ohne auch hier die Konsequenzen zu Ende zu denken. Und so hielt uns der pragmatische Peter Ziehe einmal mehr vor Augen, was das eigentlich heißen würde. Erstens wäre es in dem auch noch so weitläufigen Funkhaus zumindest tagsüber ausgesprochen schwierig, ein ruhiges Plätzchen zu finden, zweitens hat der Mensch ja vielleicht auch mal das Bedürfnis nach einer reinigenden Dusche. Irgendwann habe ich dann auch gedacht — was soll's. Pfadfindergefühle hin, Lagerfeuerromantik her, das Zimmer können wir ja mal für alle Fälle buchen und dann auch im Notfall benutzen. Auch wenn die Geschichte mit dem Feldbett schon durch die Presse geisterte, weil unsere PR-Abteilung natürlich keine wäre, wenn sie keinen Sinn für Reklamegags hätte. Zumindest haben wir auch jedem, der es wissen wollte, gesagt, daß wir das Funkhaus ab und zu auch mal verlassen. Und wir wollten natürlich auch, daß die Sendung bis zur letzten Minute hörbar gut ist und nicht von gebrochenen, entkräftet lallenden Moderatoren kaputtgemacht wird.

Deshalb gab es auch einige Diskussionen darüber, ob man eine so gigantische Strecke von über hundert Stunden nicht besser doch von wenigstens drei Leuten präsentieren lassen sollte — das wollten dann aber Siller und ich wieder nicht. Natürlich haben wir darüber nachgedacht, sind aber dann doch zu dem Ergebnis gekommen, daß wir — eitle Fatzken, die wir sind — das erstens schon schaffen und zweitens es auch dadurch ein bißchen spannend bleiben sollte, daß die Hörer wissen wollten, ob wir durchhalten. Mit drei Leuten wäre das, glaube ich, keine große Kunst gewesen. In jedem Menschen wird irgendwann mal das Gefühl wach, seine eigenen Grenzen erfahren zu wollen, und bei mir war es jetzt soweit. Verbunden mit den typischen Symptomen: Je mehr Skepsis uns entgegenschlug («Ihr seid bescheuert», «Notarztwagen schon bestellt?», «Eure reichen Witwen werden sich freuen») desto größer wurde der Glaube an uns selbst. Archie, unser Chef, muß das auf

EIN KULTURELLER BEITRAG AUS DEM FOODSEKTOR

d(sign) Breinersdorfer & Vogt

Blazer: Hartmann, N.Y. DM 580.–
Seidenhemd: Jonez collection, Paris DM 215.–
Schleife: „Farfalloni" by Birkel, Weinstadt-Endersbach   500 g ca. DM 2.10

Ideen in Sachen Teigwaren **Birkel**

B. Birkel Söhne GmbH, Birkelstraße, 7056 Weinstadt-Endersbach

seine Weise wohl auch für sich erfahren haben, als er nun zum
top-tausend-xten Male eine erneute Programmänderung bei der
Sendeleitung beantragte. Und dann war da auch noch die
Sache mit dem Kinderfunk. Lange bevor unsere Superhitparade
spruchreif wurde, war der Redaktion Kinderprogramme wieder
für die gesamten Sommerferien die Sendung *Kopfhörer* zuge-
sagt worden, montags bis freitags von 13.05 bis 14 Uhr. Eine
Sendung, die von der Vorbereitung her eine Menge Zeit in An-
spruch nimmt und deshalb schon bis zum letzten Tag im
großen und ganzen durchgeplant war. Viele Beiträge waren
schon fertig produziert, so daß diese Sendung nicht so ohne
weiteres ausfallen konnte. Verzweifelt wurde nach einer
Lösung gesucht und zunächst auch ein Kompromiß gefunden,
der aber niemanden so recht glücklich machte: wir sollten im
Rahmen der Hitparade täglich zur üblichen Kopfhörerzeit die
Kinderfunkbeiträge integrieren. Es half alles nichts — Hanse
mußte nochmal ran. Und letztendlich zeigten sich die Kinder-
funkleute sehr verständnisvoll und verzichteten ganz auf ihre
Sendezeit, während wir uns im Gegenzug verpflichteten, die
bereits fertigen Geschichten am Montagmorgen vor der Hitparade im Rahmen von SDR 3-Tip zu senden.

Vier Tage vor dem Start würden wir Hanse übrigens wieder
zum Sendeleiter schicken, weil uns doch schon so zeitig einfiel,
daß wir ja auch über eine Kurzwelle verfügen, die jedoch das
Programm SDR 1 abstrahlt. Nun waren aber auch etliche Anfra-
gen aus dem Ausland eingetrudelt oder von verzweifelten
SDR 3-Hörern, die ausgerechnet während der Hitparade im
Urlaub sein würden — da wäre es doch ein netter Zug gewesen, uns für diese eine Woche das weltumspannende 49-Meter-
Band zu überlassen. Gegen die sinngemäße Antwort des Sen-
deleiters, daß wir vielleicht das nächste Mal unsere Planungen
und Ideen etwas früher vortragen könnten, ließ sich wenig
Stichhaltiges sagen. So funkten wir statt auf Kurz- eben weiter
nur auf Ultrakurzwelle.

An der Nordseeküste (1496)

Zum Drachensteigen war der Wind optimal. Der Mann
mußte sitzen, fast liegen, um seine zehn hintereinander ge-
spannten Drachen halten zu können. Er lenkte sie so gekonnt,

daß wir nicht die einzigen Bewunderer der Loopings und Achter seines Kunstfluggerätes waren. Der Wind spannte die in den Farben eines Regenbogens gehaltenen Tücher heftig und ließ sie hörbar flattern. Bis zu einem doppelten, lenkbaren Drachen hatten wir es auch schon gebracht, aber der stürtzte noch öfter auf den befestigten Deich St. Peter-Ordings ab.

Noch nie war ich mit so zwiespältigen Gefühlen auf Urlaub gefahren. Ich hatte mich auf die Nordsee gefreut und Erholung nötig, aber ich war mitten in unserer Aktion aufgebrochen. Zwar war die wichtigste Vorarbeit geleistet, die Hörer schienen die Herausforderung angenommen zu haben, und ich würde zwei Wochen vor Beginn des Marathons wieder zurück sein. Aber es blieb auch in der Zwischenzeit spannend, und drei Wochen unseres historischen Ereignisses würden mir fehlen. Wir hatten uns Fahrräder geliehen; aber was für die Drachen so günstig war, wurde für den Radfahrer zur Qual. Harald, alpen-pässe-erfahrener Experte der Pedale, hatte uns nicht besuchen wollen. Das platte Land ist nichts für ihn, entweder zu langwei-lig oder zu anstrengend: «Gegen den Wind zu radeln ist schlim-mer als eine Steigung rauf.»

Wieviele Karten waren wohl heute gekommen. Ich mußte mich daran gewöhnen, drei Wochen lang nicht mehr auf dem laufenden zu sein. Die Promotion war jedenfalls so gut ange-laufen, daß ich mir eigentlich keine Sorgen zu machen brauch-te. Jürgen Klinsmann, Gesprächspartner in *SDR 3 Leute* am 6. Juni, war der erste Prominente gewesen, der seine Stimme für die Top Tausend X abgegeben hatte. Vermutlich kennt er noch andere Stücke, aber nach Musikwünschen gefragt, wählt er immer *Coco* von Sweet.

Elke Heidenreich, ebenfalls *Leute*-Gast, hatte am 22. Juni gleich einen vollständigen Stimmzettel mit zehn Titeln ausge-füllt und dabei einen exquisiten Geschmack bewiesen: von Lou Reed bis Eric Clapton. Auch die Stimme Udo Lindenbergs, der uns anläßlich einer *Buchsingung* in Stuttgart besucht hatte, war auf Band festgehalten. Niemand ahnte damals, daß er mit *Time after time* fast die Weltrekordplazierung getroffen hätte.

Der Strand ist breit in St. Peter-Ording. Und so weit weg von zu Hause, daß der Kopf langsam frei wurde von Grübeleien über Hitparaden und Weltrekorde. Tennis spielen, gut essen, tauchen in den künstlichen Wellen des Meerwasser-Hallen-bades. Aber unser Ferienhaus war mit Telefon ausgerüstet.

«Hallo, hier ist der Thomas.»

Es war Gott sei Dank nichts Schlimmes. Ganz im Gegenteil.

«Die Hörer schreiben wie verrückt. Wenn wir mit der Auswertung nachkommen wollen, müßten wir den Einsendeschluß vorverlegen und ein bißchen länger senden. Ich wollte Dich aber vorher fragen…»

10000 Zuschrifen hatten wir schon, mehr als wir insgesamt brauchten, mehr als wir uns erhofft hatten. Und auf einen Tag mehr kam es nun auch nicht mehr an.

Das Erfolgserlebnis förderte natürlich die Urlaubsstimmung; aber die Gedanken waren wieder beim Weltrekord, der uns jetzt schon fast gehörte…

Oinr isch immr dr Arsch (344)

Es war verteufelt schwer, diese Gigantensendung bis ins letzte Detail vorzuplanen. Das hätte ihr auch gar nicht gutgetan. Das begann schon mit der einfachen Tatsache, daß wir bis wenige Tage vor dem Start, sprich, bis wir die endgültige Auswertung vorliegen hatten, noch nicht einmal wußten, welche Titel wir denn nun während dieser Woche spielen — vom Spitzenfeld einmal abgesehen, das sich schon sehr früh abzeichnete. Nach den ersten Auswertungen kämpften noch Madonna und Roxette um den ersten Platz, aber dann gerieten die aktuellen Hits zügig in den Hintergrund, Pink Floyd und Led Zeppelin hießen die neuen Matadoren im Kopf-an-Kopf-Rennen, nicht zu vergessen auch Dire Straits. Aber als Led Zeppelin Nummer 1 waren, blieben sie es auch, und der Abstand zum zweiten Platz wuchs von Tag zu Tag.

Eine Deadline wird festgesetzt: Mittwochabend, 9.8.89, 18 Uhr. Dann wird die letzte Postkarte, muß die letzte Postkarte eingegeben sein. Danach noch ein Tag für die Schlußkorrektur, ab Freitag beginnt das große Raussuchen der Titel im Schallarchiv, werden die Sendeabläufe geschrieben. Die Schlußkorrektur am Donnerstag, von fünf Leuten immer und immer wieder gegengelesen, bringt noch einige Klöpse zutage. Die Bee Gees sind mit ein und demselben Titel zweimal aufgeführt. Einmal als Night-Fever, einmal als Saturdaynight-Fever. Durch die Addition der Punkte schießt der Titel nochmal rund dreihundert Plätze nach oben. Als die vermeintlich endgültige Liste vorliegt,

wird noch eine Doublette entdeckt. Und das, obwohl die ersten beiden Stunden Top Tausend X schon zusammengestellt sind. Also nochmal Kommando zurück. Gerhard Lutz von der SDR-Datenverarbeitung läßt die Computer erneut heißlaufen und die, so Yogi Rathfelder, *definitiv letzte Liste* ausdrucken. Und nach dieser Liste wird nun endgültig das Programm gemacht. Yogi: «Jetzt wird nichts mehr geändert». Es wird schon kein Fehler mehr drin sein, jetzt, wo soviele Leute sie nochmal gecheckt haben. Mit einem inneren Gebet, daß dem auch wirklich so sein möge, mache ich mich mit dem *definitiven* Top Tausend X-Ordner auf den Weg nach Hause, um die Liste eingehend zu studieren. Und ich traue meinen Augen nicht. *Layla* ist so verdächtig tief plaziert. Kein Wunder. Einmal mit Eric Clapton als Interpret, einmal mit Derek and the Dominoes. Der Kenner weiß: das ist dasselbe. Und dann entdecke ich noch einen doppelten Bon Jovi. Ich muß nochmal mit Yogi reden — aber der Kerl ist nirgends erreichbar. Ich beschließe, daß mir das für den Rest der Nacht egal ist.

Dieser Freitag war, wie auch die Tage davor, chaotisch genug. Zumal es nicht alleine galt, das Abspulen von 1501 Titeln vorzubereiten, wir wollten schon etwas mehr tun als Plazierungen herunterzubeten. Zum Beispiel Freud und Kurzweil durch allerlei verschiedene Rubriken. Diese weiteren Programmelemente mußten natürlich ins jeweilige Hitparadenumfeld passen. Eines dieser Elemente wurde — ganz und gar unbeabsichtigt — schon sehr früh geboren und entwickelte sich in der Woche der Top Tausend X zum Renner. Das Element hieß Walter Schwo(a)b. Diesen liebenswerten Herren lernte ich vor anderthalb Jahren kennen — das heißt, die Figur Walter Schwo(a)b. Der, der sich dahinter verbirgt, war mir schon länger bekannt. Der Kollege Knut Bauer aus der SDR-Verkehrsredaktion erzählte mir damals von Anrufern, mit denen er sich immer wieder mal rumschlagen müßte. Die beklagten sich dann bitter, daß diverse Staumeldungen nicht stimmten und er, Knut, dann immer vergebliche Beschwichtigungsversuche unternähme. Denn es sei manchen Leuten nunmal schwer begreiflich zu machen, daß wir unsere Verkehrsmeldungen von der Polizei bekommen und schlechterdings nicht in der Lage sind, die gemeldeten Staulängen persönlich zu überprüfen. Oder es riefen Leute an und verlangten den Verkehrsredakteuren hellseherische Fähigkeiten ab. Nach dem Motto: Ich fahre heute nachmittag über die A 8 nach München, wie sieht's denn da um halb vier am Aichelberg aus? Während Knut mir das erzählte, parodierte er diese Anrufer in breitestem Schwäbisch — ich habe schon lange nicht mehr so gelacht. So was sollte man der Welt nicht vorenthalten, und wir vereinbarten lose, daß Knut diese Parodien mal über den Sender lassen sollte, vielleicht morgens in *Popcorner* zum Beginn der Feriensaison. Gesagt, vergessen.

Bis zum Beginn der Sommerferien des Jahres 1989. Da fiel uns die Abmachung wieder ein. Am Nachmittag vor meiner nächsten Frühsendung setzten wir uns einfach ins Studio, Knut ging nach nebenan, so daß wir Sichtkontakt hatten, und er rief mich an als — zunächst noch anonymer — schwäbisch sprechender Quälgeist. Ohne Manuskript und doppelten Boden beschimpfte er mich mit solcher Inbrunst, daß ich Mühe hatte, gerade sitzenzubleiben und die Bandmaschinen zur Aufzeichnung der Gespräche zu bedienen. Nach einer Stunde hatten wir 15 Versionen im Kasten, die drei besten wurden am nächsten Morgen als *Running gag* ausgestrahlt. Und es geschah etwas, was sonst, noch dazu um diese Uhrzeit, selten passiert. Hörer riefen an, um mir Beistand zu leisten und nachzufragen, was das denn für ein unverschämter Kerl sei, der da immer anruft. So was könne man doch nicht einfach über den Sender lassen. Mit anderen Worten: ein voller Erfolg. Diese Figur mußte weiterleben, und kurz vor der Hitparade tauften wir sie auf den Namen Walter Schwob, der von mir hartnäckig westfälisch *Schwab* genannt wird. Herr Schwo(a)b sollte regelmäßig in der Sendung anrufen und nichts anderes tun als die Moderatoren beschimpfen. Gründe dafür würden sich immer finden lassen.

Kurz vor dem Startschuß wurden wir — der Zeitdruck macht's — überhaupt alle sehr kreativ. Herr Schwo(a)b sollte nicht alleine bleiben im Dauermäkeln. Christoph Mohr bot sich an, uns als altgedienter Hitparadenmoderator *Dieter Thomas Schneck* ständig und zur Unzeit väterliche Belehrungen zu erteilen. Joachim Jung, Schauspieler an der Württembergischen Landesbühne in Esslingen, erfand den Hilfshausmeister Carlos Guinness, der regelmäßig um Mitternacht das Studio abschließen will und nach mangelndem Erfolg die Top Tausend X mit spanischer Folklore bereichert. Aber wollten wir nicht auch das eine oder andere Informative über diverse Musiktitel verlieren? Mit dieser Fragestellung begann auch schon der Arbeitsmarathon für Tobias Geissner. In Weltrekordzeit wühlte er in Archiven, verschlang Fachliteratur, sammelte Fakten und fand Stories zu den Stars, die diese Hitparade erst richtig rund machen sollten. Tobias produzierte nicht nur Beiträge auf Teufel komm raus, er brachte uns regelmäßig einen Stoß Karteikarten mit einigen Stichworten, die er zu den unterschiedlichen Plazierungen sonst noch gefunden hatte.

Am Freitag vor der Hitparade (allmählich gewöhnen wir uns an eine neue Zeitrechnung) verbarrikadieren wir uns in einem Hörspiel-Studio, um Jingles zu produzieren. Siller sitzt am Mikrophon, um einen komplizierten Text aufzusagen. Immer wieder nur ein Wort: «Blut. Blut. Blut. Blut. Blut...» Nein, nein, keine Horrorszenen. Anhand eines Harmonizers, eines schönen Spielzeugs, mit dem man Stimmen verfremden kann, entsteht unser Jingle für die *Blutdruckstände*.

Christoph Mohr hat einen ähnlich großen Auftritt. Unentwegt und in allen Tonlagen füttert er den Harmonizer mit «The Number One. The Number One. The Number...» Eigentlich würde in zehn Minuten seine Sendung Point beginnen, aber er tüftelt und bastelt bis zuletzt an dem Jingle, das am Ende die absolute Nummer eins im Wilden Süden ankündigen soll — und gibt schließlich entnervt auf. Das isses doch noch nicht. Er will in der kommenden Woche, wenn die Hitparade schon läuft, das ganze nochmal überarbeiten. Überarbeiten ist gut. Überarbeitet sind wir alle. Von wegen vor der Hitparade noch mal regenerieren, solider Lebenswandel und so.

Am nächsten Morgen, es ist Samstag, bin ich um acht Uhr mit Christoph Mohr verabredet, um die letzten Jingles zu produzieren. Unser aller Sandra hat natürlich auch schon wieder Senderegie an diesem Morgen. Als sie erfährt, daß wir doch noch ein paar Doubletten in der Auswertung gefunden haben, erklärt sie sich bereit, zur Not nochmal eine neue Liste auszudrucken.

Aber diese Entscheidung sollten wir vielleicht nicht eigenmächtig fällen, Rathfelder springt uns sonst an die Gurgel. Andererseits, was bleibt uns übrig. Solange man noch was korrigieren kann, sollten wir es auch tun, auch wenn's wieder alles über den Haufen wirft. Jetzt warten wir erst einmal ab, ob Yogi nicht sowieso nochmal ins Haus kommt. Es wird zehn Uhr, es wird zwölf Uhr, es wird dreizehn Uhr. Rathfelder, obwohl es Samstag ist, will einfach nicht das Haus betreten. Ausgerechnet

Wir fahren umweltfreundlich. VVS

Umweltfreundlich ist:
Busse und Bahnen brauchen bei gleicher Beförderungsleistung erheblich weniger Fläche als Pkw. Damit erhalten wir Parks und Grünflächen, das Einkaufen in der Fußgängerzone, mehr Platz für uns alle. Das Leben in der Stadt bleibt lebenswert.
Umweltfreundlich ist auch:
S-Bahnen, Stadt- und Straßenbahnen haben keinen Auspuff. Die Luft bleibt sauber.
Im Jahr 1988 hat der VVS 199 Millionen Fahrgäste umweltfreundlich befördert.

Übrigens:
Eine Jahreskarte fürs Verbundfahren in Stuttgart kostet pro Tag 2,16 DM. An der Tankstelle gibt es fürs gleiche Geld nur 1,8 l Normalbenzin.

Umdenken – Umsteigen.

jetzt. Doch Sandra und ich haben schnell gelernt. Nicht fragen, machen. Eine Stunde später ist unser Computer-Experte Gerhard Lutz zur Stelle. Nicht mal heute hat er seine Ruhe vor uns, kann er mal so richtig Papa sein. Während sein kleines Töchterchen im Büro quietschvergnügt herumspringt, wirft er zum toptausendx-ten Mal nach Eingabe aller Korrekturen den Rechner an. Und er lacht auch noch dabei.

Noch 48 Stunden bis zum Start der Hitparade, und wir haben schon wieder eine definitive Endauswertung. Spliff ist nicht mehr mit *Herzlichen Glückwunsch* auf Platz 1501. Dafür jedoch eine Nummer, die noch viel besser als Einstieg paßt: die Beasty Boys mit *Fight for your right to party*. Weiß Gott! Sandra und ich beschließen, jetzt alles zu ändern, was aufgrund der neuen Liste notwendig ist. Also Platten umsortieren, eventuell schon geschriebene Sendeabläufe ändern, bis hin zum Einsortieren der neuen, endgültigen Hitparade in die Ordner der beteiligten Macher. Niemand soll uns vorwerfen können, daß er nach unserer Blitzaktion mit seiner Arbeit nochmal von vorne anfangen muß. Und prompt stand einer in der Tür, dem es trotzdem so ging und an den wir zu allerletzt gedacht hatten. Manfred Heinfeldner vom Südfunk-Text. Er war auf die Idee gekommen, während der laufenden Hitparade die Charts als zusätzlichen Service über Bildschirmtext zu verbreiten. Jeder Teilnehmer kann nachgucken, was er schon verpaßt hat oder was in den nächsten Stunden alles noch kommt. Prima Sache. Nur: die Eingabe auf die Video-Tafeln ist ein kompliziertes Geschäft mit langem Vorlauf. Und so hatten wir den armen Manfred während der letzten Tage schon oft genug an den Rand eines Nervenzusammenbruchs gebracht, weil immer dann, wenn er schon ein paar hundert Titel abgespeichert hatte, eine neue Korrektur von uns kam. Dann konnte er wieder von vorne anfangen. Ich glaube, an diesem Samstag nachmittag hätte er uns am liebsten ins Moor gejagt und auf der Flucht erschossen. Nur mit Mühe gelingt es uns, den guten Manfred wieder zu besänftigen.

Als Sandra sich anbietet, notfalls die ganze Nacht bei der Korrektur im Südfunk-Text zu helfen, wird er eher noch säuerlicher: «Das ist doch ein völlig anderes Computer-System, bis ich dir das erklärt habe…» Schließlich nimmt er uns jedoch den Schwur ab, daß es diesmal nun wirklich die allerallerletzte Änderung und so weiter und so fort. Und er zieht von dannen in der festen Überzeugung, es mit absoluten Chaoten zu tun zu haben.

Dann, später am Abend, der große Moment. Wir haben alles. Das Programm ist geändert, die Jingles sind produziert, das Opening für den Montagnachmittag ist abgemischt. Es kann losgehen. Und ich fühle mich absolut urlaubsreif. Wie soll das nächste Woche bloß gehen? Dabei hatten wir so viele gute Vorsätze zum Kraftschöpfen gefaßt. Keine alkoholischen Exzesse und absolutes Sportverbot für Siller. Das würde mir nämlich noch fehlen, daß er sich kurz vor dem Radio-Marathon beim Fußballspielen einen Bänderriß oder so was holt. Oder schlimmer noch — die Hand verstaucht — wer legt dann die Platten auf? Gute Vorsätze und was aus ihnen 36 Stunden vor der Hitparade geworden ist: Siller nimmt in Gerlingen an einem SDR 3-Tennisturnier teil, und ich fahre dahin, um mir nach diesem Tag ordentlich einen hinter die Binde zu kippen. Spät in der Nacht sitzen wir schließlich allerbester Dinge bei Stefan zu Hause und sprechen dem Bier und uns selbst Mut zu. Es ist ja auch noch ein ganzer Sonntag Zeit zum Ausruhen. Und für alle Fälle, falls die Ruhe langweilig wird, habe ich noch einen ganzen Waschkorb Postkarten im Kofferraum, die uns zur Top Tausend X erreicht hatten.

Viele ließen es nicht nur damit bewenden, ihre persönlichen Top Ten aufzuschreiben, sondern verzierten ihre Zuschriften mit Gemälden, Durchhalteparolen und Komplimenten fürs Programm. Solche Karten will ich noch raussuchen, damit man in der kommenden Woche auch noch ein bißchen was anderes als Hitparaden-Notierungen vorlesen kann. Ich glaubte doch tatsächlich, daß uns womöglich der interessante Gesprächsstoff ausgehen könnte.

The final countdown (62)

Mein Schädel streitet sich mit dem Telefon. Es klingelt, und er brummt. Ein strahlend schöner Sommer-Sonntagmorgen steht im herben Kontrast zu meinem äußeren Erscheinungsbild. Ein alter Schulkumpel, der Gott sei Dank nichts, aber auch gar nichts mit Radio zu tun hat, ruft an und bittet ins Freibad. Ein grandioser Vorschlag — raus aus der Bude und an nichts mehr denken. Hitparade? Welche Hitparade? Anderthalb Stunden

Lottogesellschaft von Systemspieler ruiniert.

„Mehr Kreuze, mehr Chancen" dachte sich Hugo Herrmann Habicht – in seinem Bekanntenkreis auch „Der Greifer" genannt – und schoß mit seinem Lotto-Systemtip (maximal zweiundzwanzig Kreuze pro Feld anstatt nur sechs) den dicksten Vogel seines Lebens ab.

Kleine Scheine – große Wirkung.

später aale ich mich in der Sonne — und stülpe mir dauernd den Walkman über, um zu kontrollieren, ob die auch immer den richtigen Trailer im Radio spielen. Denn ab 14 Uhr werden die Stunden gezählt, und da sollte schon immer das richtige Band laufen.

Um 14 Uhr läuft das richtige Band: «Noch 24 Stunden, dann beginnt die größte Hitparade der Welt. Gong Gong Gong Gong…». Ich bilde mir ein, die Zeitung zu lesen. Um 15 Uhr läuft das richtige Band. «Gong Gong Gong, noch 23 Stunden, dann… Gong Gong Gong.» Ich bilde mir ein, die Geräuschkulisse des Freibads macht mich schläfrig. Um 16 Uhr läuft das richtige Band. «Gong Gong Gong… Noch 22 Stunden…». Als ich wieder zuhause bin, läuft das richtige 18 Uhr-Noch 20-Stunden-Gong-Gong-Gong-Band.

Das Telefon klingelt, Siller ist dran. Ich erzähle ihm, daß ich das einzig richtige gemacht habe — ins Freibad gegangen und an nichts gedacht. Stefan erzählt mir, daß er spazieren war, um an nichts zu denken. Und dann erzählen wir uns, wie wir wirklich *an nichts* gedacht haben. Stefan sagt, daß er ganz schön nervös ist, und das beruhigt mich. Der alte Profi Siller, ihm geht es auch nicht besser als mir. Vor zwei Jahren noch war mir als Redaktions-Neuling Stefans mitunter gnadenlos preußische Art manchmal etwas unheimlich. Inzwischen kenne ich ihn gut und bin mir sicher — wenn die Sache mit jemandem klappt, dann mit Stefan. Er würde notfalls Disziplin in die Angelegenheit bringen, und es ist gut, wenn wenigstens einer von uns über diese Fähigkeit verfügt.

Das Abendessen beim Griechen schmeckt zwar ausgezeichnet, aber es hat den Charakter einer Henkersmahlzeit. Zumindest fühle ich mich, als ob ich am nächsten Tag für ein halbes Jahr auf Montage nach Saudi-Arabien müßte. Wenigstens muß ich nicht um halb vier aufstehen, wie sonst jeden Montag zur Frühsendung. Morgen könnte ich nochmal ausschlafen. Könnte ich. Aber dazu müßte man erst einmal einschlafen. Na ja, das Leben muß schließlich spannend bleiben, und so erlebe ich weite Teile dieser Nacht im ständigen Blickkontakt mit der Leuchtzifferanzeige meines Weckers. Ziemlich entkräftet laufe ich um kurz nach zehn im Funkhaus ein, wo ich mindestens 32mal gefragt werde, ob ich denn auch gut geschlafen habe.

Stefan kommt wenig später, auch er nicht gerade das blühende Leben. Wir gehen erstmal rüber, im Hotel *einchecken*. In das Opening für die Hitparade hatten wir den Fernsehton der Startübertragung von Apollo 11 eingearbeitet, ziemlich genau zwanzig Jahre nach der Mondlandung. «Die Astronauten sagen, sie fühlen sich ausgezeichnet». Aber hier draußen und im Hotel deutet nichts auf einen Raketenstart hin, und mit unserer Berühmtheit ist es auch nicht so weit her. An der Rezeption fragt man nach unseren Namen, und ich muß einen Meldezettel ausfüllen. Soll ich bei *mitreisender Ehegatte* Siller eintragen? Gepäck haben wir recht wenig dabei, die sprichwörtliche Zahnbürste halt.

Drüben im Funkhaus ist schon mehr Trubel. Die Leute vom Fernsehen sind da, Hagen von Ortloff will uns für die Abendschau die ganze Woche über begleiten, Martina Treuter will für *Landesschau* und *Südwest aktuell* am selben Abend ein paar Einstellungen drehen. Das Sendestudio ist in gleißendes Scheinwerferlicht getaucht. Hoffentlich bleiben die nicht immer so lange. Ich will in Ruhe senden. Einstellungen werden vorbesprochen, wir sollen, wenigstens am Anfang, nicht gegenüber sitzen, sondern uns nebeneinander vor die Discothek zwängen. Allmählich bekomme ich ganz kalte Hände. Oben in der Redaktion haben sie die Liege aufgestellt, die später als *Feldbett* ins Studio gebracht werden soll. Ein erstes Probeliegen bringt zufriedenstellende Ergebnisse. Haben wir sonst noch was vergessen? Sind die Bänder und Jingles schon alle im Studio? Wo sind eigentliche die Platten für die ersten beiden Stunden? Werden sich schon finden — und überhaupt, ist was? Wenn ich jetzt eine typische Handbewegung bei der Ausübung meines Berufes machen müßte, es wäre der Griff zur Zigarettenschachtel. SDR 3-Redakteur Hartmut Volz erzähle ich von meiner Vision, daß es doch eine tolle Geschichte wäre, wenn es uns diese Woche gelänge, weite Teile des öffentlichen Lebens lahmzulegen. Hartmut lacht herzhaft darüber.

Fight for your right to party (1501)

14.8.1989 kurz vor elf. Im Radio läuft das Jingle: «Noch drei Stunden.» Thomas und ich sind schon in der Redakion. Wir sind nervös. Wir machen schon lange Radio und moderieren schon jahrelang. Zum erstenmal haben wir wieder beide weiche Knie.

45

Kurz vor zwölf. Das Jingle läuft im Radio: «Noch zwei Stunden.» Um 12.10 Uhr müssen wir das erste Päckchen Kaffee an der Pforte abholen. Vorbeigebracht von einem gewissen Horst Häuser.

12.45 Uhr: wir werden in *SDR 3 Aktuell* interviewt. Hans-Peter Archner fragt: «Habt ihr gut geschlafen?» Antwort gleichzeitig: «Nein!» Und wir sagen die Wahrheit.

Kurz vor eins, das Jingle läuft im Radio: «Noch eine Stunde.» Wir essen noch ein Stück Kuchen. Wir bringen die Platten, unsere Listen ins Studio, bauen die Kaffeemaschine auf. Viel Platz haben wir in unserem Studio nicht mehr. Das Fernsehteam hat sich mit Kamera, Licht und Mikrophon breitgemacht. Die Presse kommt, Fotografen. Wir müssen eine Uhr hochhalten, die auf 14.08 Uhr steht.

Es ist kurz vor 14 Uhr. Dann kommen die Kollegen von der Technik und bringen selbstgemalte Plakate. «Don't penn in.» Jutta übergibt uns einen selbstgebackenen Kuchen. 1501 steht drauf, rot auf gelb, Himbeere auf Pfirsich. Wir müssen den Kuchen hochhalten. Mehr Fotos, keep smiling, wo ist das Vögelchen. Das Fernsehen dreht gleich mit.

Kurz vor zwei, das Jingle läuft: «Nur noch wenige Minuten.» Friedemann kommt ins Nebenstudio. Wir haben Sichtkontakt. 14.05 Uhr. Er startet den kürzesten Treff aller Zeiten. Länge 2:40. 14.07 und 40 Sekunden. Absage für den kürzesten Treff aller Zeiten. Ansage: Top Tausend X, Jingle läuft, pünktlich um14.08 Uhr starten die Top Tausend X. Die Hörer haben einen treffenden Titel zum Start auf Platz 1501 gewählt, die Beastie Boys und *Fight for your right to party*. Bis die Platte läuft, sind wir die ersten drei Minuten gegenüber unserem Zeitplansoll in Verzug.

Die ersten vier Stunden moderieren wir zusammen. Wir können uns einspielen. Die Nervosität baut sich ab, die Aufregung noch nicht. Immer wieder kommen Kollegen vorbei und gucken. Das Fernsehen bleibt uns erhalten. Aber das alles ist nur ein Vorgeschmack auf das, was uns in den nächsten Tagen noch bevorsteht. Wir ahnen es noch nicht. Niemand hat es geahnt.

Jutta schneidet den 1501-Kuchen an. Lauter Kollegen aus den anderen Programmen kommen vorbei, naschen mal, schließlich sind die Top Tausend X auch schon angebrochen. Das erste Geheimnis ist gelüftet, nämlich daß wir 1500 und

einen Titel spielen. Ich probiere auch ein Stück, obwohl ich keinen Hunger habe. Vielleicht machen das auch die Zigaretten. Ende November des vorangegangenen Jahres hatte ich mir das Rauchen abgewöhnt. Am Tag vor den Top Tausend X habe ich es wieder angefangen, allmählich, und heute bin ich wieder voll drauf. War vielleicht doch vernünftig, daß Thomas zwei Stangen Kippen gekauft hat. Die liegen im Studio, dann brauchen wir nicht dauernd soviel Kleingeld. Und unser erstes Care-Paket haben wir schon in der Woche vorher bekommen. Absender: Die wilden Weiber aus dem wilden Süden. Weil uns das Paket gefreut hat, hätten wir doch gerne gewußt, wer sich dahinter verbirgt. Aber kein Absender, keine Telefonnummer, nichts.

Mit einem weiteren Brief, den wir auch schon eine Woche zuvor bekommen hatten, hat sich angedeutet, daß bei den Hörern schon ein ganz besonderes Interesse für unser Vorhaben vorhanden sein mußte. Ein Trupp aus Nürtingen-Reudern hat angekündigt, sie wollten die ganzen Charts von vorne bis hinten durchhören und aufnehmen. Sie hätten sich einen Extraraum eingerichtet mit drei Tapedecks, ein Wohn-Arbeits-Schlafzimmer mit Matratzen, ähnlich wie sich unser Studio entwickeln sollte.

Die ersten Dauerhörer haben sich also freiwillig gemeldet. Wir hatten sowieso vor, einen Dauerhörerwettbewerb zu veranstalten. Wir wollten die Hörer fragen, ob Gruppen es sich zutrauen würden, die Top Tausend X ununterbrochen durchzuhören. Wir starten schon am ersten Nachmittag einen Aufruf mit immensem Echo. Wir wählen insgesamt fünf Gruppen aus; eine hatten wir ja schon, vier kommen dazu. Vier Leute aus Esslingen, die Urlaub haben und sich bereits mit 40 Kassetten eingedeckt haben. Eine Familie, das heißt eine Mutter mit zwei Kindern (20 und 13 Jahre) aus Höffligswart, dazu ein Architekturbüro aus Rudersberg, die offensichtlich durcharbeiten wollen, soweit das neben dem Radiohören und dem Buchführen geht (Buchführen war wichtig, das gehörte zu unseren Regeln) und ein Ehepaar aus Sinsheim, zu zweit, wie wir.

Das Musikprogramm, das wir verkaufen, ist — na, sagen wir mal durchaus ungewöhnlich. Es erinnert mich an ein Lotteriespiel. Das Schöne an diesem Spiel ist, daß immer jemand einen Hauptgewinn zieht. Der schunkelnde Liebhaber des Karnevalistischen (1496 *An der Nordseeküste*), des Metallischen (1493

Come on feel the noise), auch die Kombination Metallica (1490) und Ina Deter (1489) hat ja was. Spannend wie die Ziehung der Lottozahlen.

Platz 1475 läßt meinen Stimmungspegel sofort steigen, läßt mich Streß und Aufregung vergessen. *Gimme some lovin'* von der Spencer Davis Group. Das war jahrelang einer meiner all time favourites. Die Spencer Davis Group war die erste große Rockgruppe, die ich live sehen konnte, damals noch im Jaguar-Club im westfälischen Herford, wo ich aufgewachsen bin. Fast alle Großen spielten damals in diesem 1000-Mann-Club. Dave Dee, Dosy, Beaky, Mick and Tich habe ich da gesehen, The Who, die damals noch ihre Gitarren und Verstärker zerkloppten. Dann waren die Troggs da, Cream mit Eric Clapton, Jack Bruce und Ginger Baker und natürlich vor allen Dingen Jimmi Hendrix. Von den meisten habe ich sogar heute noch Autogramme...

Nach vier gemeinsamen Stunden, um 18 Uhr, muß ich umziehen ins Studio 11, während Thomas die erste Pause macht. Wir senden jeden Tag von 18 Uhr bis 22 Uhr aus der 11. Da hat man es etwas einfacher, muß nur moderieren; die handwerkliche Arbeit nimmt uns die Technik ab. Die übrigen 20 Stunden sind wir im Studio 9, wo wir je zwei Plattenspieler, Bandmaschinen und CD-Player haben und Platten und Bänder selbst auflegen müssen. Wir machen unsere Mikros selbst auf und bedienen unsere Jinglemaschinen.

Die Umzüge von Studio zu Studio um 18 und um 22 Uhr sind unter Umständen etwas hektisch; denn zu diesen Zeiten ist meistens einer alleine. Während im einen Studio noch eine Platte läuft, nimmt man sich den Wagen mit den Platten und den Bändern und läuft rüber. Dann hat man noch die Nachrichtenzeit, um sich im neuen Studio einzurichten. Der erste Umzug bringt auch gleich die erste Panne mit sich. Eine von mehreren, die noch folgen sollten, die uns die Hörer aber erfreulicherweise nicht weiter übelgenommen haben.

Ich liefere also den Wagen mit den Platten bei der Kollegin von der Technik ab, drücke ihr auch das erste Band in die Hand, das wir spielen wollen (ich glaube, es war das längste Stück, das wir in den ganzen Top Tausend X im Programm hatten: *Eight miles high* von Golden Earring auf Platz 1458, Länge 19 Minuten). Nach dieser langen Zeit mache ich brav meine Ansage für Platz 1457 — *Only you* von Flying Picketts —

Für Ihre Gesundheit machen wir uns stark.

Entdecken Sie die Kraft, die in Ihnen steckt.

Ihre AOK – Die Gesundheitskasse hilft Ihnen nach besten Kräften, daß Sie gesund werden. Sie hilft Ihnen aber auch, daß Sie gesund bleiben und so mehr Freude am Leben haben. Holen Sie sich unsere wertvollen Tips für Ihre Gesundheit. Nutzen Sie unsere vielfältigen Gesundheitsangebote.

die Kollegin kann gar nicht so schnell reagieren, sie fährt die Platte ab, die sie als nächste im Wagen liegen hat. Das aber ist Udo Lindenbergs Song *Sie brauchen keinen Führer*, erst vorgesehen auf 1451. Was war passiert? Die fehlenden Platten hatten wir schon im anderen Studio, im Studio 9, aus dem Wagen genommen, weil wir der Meinung waren, wir könnten sie dort noch spielen. Aber wir sind in Zeitverzug geraten.

Na ja, erfreulicherweise finden sich die Platten in dem anderen Studio. Wir holen sie nach und lassen keinen Titel aus.

Im Studio 11 habe ich mehr Zeit, mit den Hörern zu telefonieren. Zwei Telefone, die wir in der Regie haben, sind ständig belegt. Auch die Kolleginnen aus der Fernschreibstelle kommen immer häufiger vorbei, um uns Telefaxe zu bringen. Ich hätte nie gedacht, daß schon so viele Leute Telefaxgeräte haben. Und erst recht hätte ich es nicht für möglich gehalten, daß uns so viele Leute zuhören und spontan reagieren. Wir hatten in der Vorplanung Angst gehabt, daß die ganze Sache nicht spannend genug werden könnte. Da Voraussetzung war, daß wir mehr als 1001 Titel spielen, um den Rekord brechen, da wir schon mit der Nummer 1501 anfingen, lag die Spannung nur noch darin zu erfahren, ob die beiden Knaben im Studio durchhalten und wer Nummer eins wird. Diese Angst, so stellt sich schon frühzeitig heraus, war ganz offensichtlich unbegründet.

Platz 1440 — *I am the walrus* — ist bereits der dritte Beatles-Titel in den ersten Stunden. Wir verlosen den ersten Preis. Testfrage: «Drei Beatles-Titel haben wir schon gespielt. Welches war der erste in dieser Weltrekord-Hitparade Top Tausend X?» Bereits die erste Anruferin hat gut genug aufgepaßt. Die richtige Antwort: Der *Nowhere man*, plaziert auf Rang 1487. Sie gewinnt einen wunderschönen SDR 3-Fußball.

«Hallo, Jürgen — hier ist der SDR 3». Erster Dauerhörer-Testanruf. Die Sinsheimer müssen dran glauben.

Wie angekündigt wollen wir alle Dauerhörergruppen unregelmäßig zu allen möglichen und unmöglichen Zeiten anrufen. Sie sollen uns die drei Titel nennen, die zuletzt gelaufen sind. Auf diese Weise wollen wir kontrollieren, ob sie auch wirklich wach waren und alles mitgekriegt haben. Jürgen weiß Bescheid, bleibt im Rennen. Thomas kommt wieder hinein. Die paar Stunden Pause haben zum Essen gereicht, zum Schlafen nicht.

I'm a believer (958)

«Thomas, 40 Minuten Rückstand nach den ersten vier Stunden — wie wollt Ihr das überhaupt noch rausholen?» Da hat man nun gerade die erste Aufregung einigermaßen verdaut, und dann kommt Hagen von Ortloff vom SDR-Fernsehen und stellt einem bei laufender Kamera derart ernüchternde Fragen. Aber als Journalist lernt man zwangsläufig von Politikern. Ich demonstriere Optimismus: «Ja nun, wir hatten natürlich auch schon eine ganze Menge Long-Songs am ersten Nachmittag, und das wird auch heute abend noch eine Weile so weitergehen. Aber es kommen dann auch mal ganze Strecken mit sehr kurzen Stücken von den Beatles, Presley und so weiter. Das gleicht sich wieder aus und heute nacht holen wir bestimmt einiges wieder rein.» Der Samstag ist ja noch weit, eine schier unüberschaubare Strecke. Ich möchte gar nicht dran denken, so gerädert, wie ich mich jetzt schon fühle. Stefan ist gerade ins andere Studio umgezogen und macht den Abend alleine weiter, und ich habe nur einen Wunsch: schnell raus hier.

Die Leute vom Fernsehen, die jetzt mit mir eigentlich noch ein paar Szenen nachdrehen wollten, haben es sich glücklicherweise anders überlegt. Sie haben schon eine ganze Menge im Kasten, und die Woche ist noch lang. Hagen kündigt sich mit dem ihm eigenen schadenfrohen Lächeln für die Nacht von Mittwoch auf Donnerstag wieder an. So gegen drei Uhr will er zum Drehen kommen: «Das gibt dann einen schönen Kontrast — heute siehst Du ja noch recht frisch aus.» Schön, daß ich wenigstens noch so aussehe.

Eine halbe Stunde später sitze ich in einer Pizzeria am Ostendplatz, nicht weit vom Funkhaus entfernt. Hier läuft doch tatsächlich ein anderer Sender — aber ehrlich gesagt bin ich im Moment ausgesprochen froh darüber. Und ich überrede mich obendrein, auch noch ein Gläschen Wein zur Pizza zu trinken. Eins kann ja nicht schaden. Aber das Abschalten fällt schwer. Immer wieder denke ich an die erste lange Nacht, die jetzt vor mir liegt. Vorher nochmal hinlegen, das hat keinen Sinn, so viel Zeit ist gar nicht mehr. Ich bin viel zu aufgedreht, trotz oder vielleicht auch wegen der relativ schlaflosen letzten Nacht. Ich bin gespannt, ob unser ausgeklügelter Schichtplan verkraftbar ist. Ursprünglich hatten wir mit dem Gedanken gespielt, mög-

49 711 1754622

MERCEDES-BENZ AG 7 STGT 60   ABT.MK /MKP   857 P01

Heute woll'n wir Euch was schicken,
Euch unseren besond'ren Dank ausdrücken.

Die Top 1000 , die sind klasse,
echt gut, weil sie sind in dieser Masse.

Seit Montag macht Ihr Euch die Mühe,
und dies in aller Herrgottsfrühe.

Das Schlafen ist nicht angesagt,
ja, da bleibt Ihr ungefragt.

Und wenn die Müdigkeit Euch übermannt,
seid Ihr total abgespannt,
kommt ein Fax von uns herein,
einem kleineren Verein.

Ja auch im Büro wirds gehört,
uns heute dabei gar nichts stört.

Morgen ist's leider schon vorbei,
uns ist es nicht einerlei.

Seid bis dahin noch recht fit,
wir geben unsere Wünsche mit.

Vielen Dank und auch viel Gutes.
Seid bis dahin guten Mutes.

Viele Grüße hier von allen,
es tut uns wirklich gut gefallen!

4   W E R B E F U Z Z I S

VOM "GUTEN STERN"

lichst viel gemeinsam zu moderieren, dann aber wieder davon Abstand genommen, je größer die Hitparade wurde. Außerdem — neben dem Kräfteverschleiß auf Kosten der Sendungsqualität — wäre die Gefahr größer geworden, die Sendung zu verlabern. Also haben wir beschlossen, daß einer alleine den ganzen Tag bis nachmittags um vier oder fünf moderiert, dann Pause bis 23 Uhr macht und dann die Nacht durch bis zum nächsten Morgen bleibt. Danach eine lange Ruhepause bis zur Ablösung am Nachmittag, die *kurze* sechsstündige Abendschicht und die Nacht wieder frei. So könnte es hinhauen, und wenn wir Lust und Kraft haben, dehnen wir die Stunden der Ablösung einfach ein bißchen zur Doppelmoderation aus. Unser Dienstplan war auch so angelegt, daß Stefan in jedem Fall den Mittwoch abend moderieren müßte — Bundesligaspieltag. Es war vereinbart, in spannende Spielphasen kurz reinzugehen, und das erforderte einen Fußballexperten am Mikrophon, der neben der Präsentation der Hitparade die Sportsendung verfolgen mußte, die wegen der Top Tausend X auf die Mittelwelle ausgewichen war. Da sich mein Interesse für Sport in überschaubaren Grenzen hält, habe ich mich um diesen Job nicht so sehr gerissen.

Wenig später findet sich auch Yogi Rathfelder in der Pizzeria ein. Um auf andere Gedanken zu kommen, ermahnt er mich: «Du mußt heute nacht die Uhr im Auge behalten. Wir haben jetzt über eine Stunde Rückstand.» Apropos Uhr. Ich hatte ganz vergessen, daß mich heute abend ein Schulfreund im Funkhaus besuchen wollte. Wir waren für 21 Uhr verabredet, und jetzt ist es 21 Uhr. Ich versuche an der Pforte anzurufen — besetzt. Ich rufe im Studio an. Besetzt. Ich versuche es über die Zentrale. Besetzt. Es gab kein Durchkommen — ein erstes Anzeichen für den Reibach, den die Deutsche Bundespost in dieser Woche noch machen würde — dank SDR 3.

Oh yeah — There's a band playing on the radio (1383)

Stefan sieht noch gar nicht so müde aus, aber seine ersten acht Stunden hat er schon mal hinter sich. Ich weiß nicht, wer von uns beiden mir jetzt mehr leid tun soll — Stefan kann jetzt

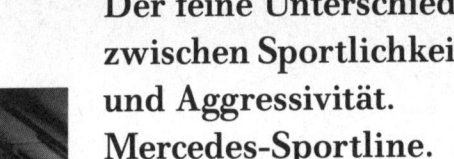

Der feine Unterschied zwischen Sportlichkeit und Aggressivität. Mercedes-Sportline.

Was Sie erwartet, ist ein faszinierendes neues Fahrerlebnis – abgesichert durch die strengen Technik- und Sicherheitsstandards von Mercedes-Benz.

Komponenten der Sportline sind u.a.: Breitreifen auf Leichtmetallfelgen, tiefergelegte Karosserie, straffere Feder- und Dämpfercharakteristik. Zum Teil deutlich erhöhte Fahrleistungen durch optimierte Achs- und Getriebeübersetzungen. Sportsitzanlage mit Schalensitzcharakter. Lederlenkrad.

Ihr Mercedes-Partner informiert Sie gerne über alle Neuheiten.

DEWE 91.219 S

Mercedes-Benz

pofen, aber ob er die innere Ruhe dazu findet? Und die äußere? Ich habe wenigstens gute Musik heute nacht, schon tagsüber hatte ich mir ausgerechnet, welche Titel ungefähr in meine Schicht fallen würden.

Es begegnet mir kurz nach Mitternacht schon gleich dieses Phänomen, das wir während der Hitparade noch häufiger beobachten werden. Daß nämlich Titel zu Zeitpunkten auftauchen, als ob sie dafür minutiös vorgeplant wären. Da kommt um zehn Minuten nach Mitternacht — der zweite Tag ist angebrochen, wir haben Dienstag — Melanie mit *Ruby Tuesday*. Oder es gibt Titelkombinationen, als hätten wir sie vorsortiert.

Und doch, es ist nichts als die korrekte Auswertung unseres Computers, daß nach Roxy Musics *Oh yeah (There's a band playing on the radio)* Al Jarreau sein *Mornin' Mister Radio* zum besten gibt. Es hätte mich auch nicht gewundert, wenn *Oh yeah* direkt nach *Oh yeah* von Yello gekommen wäre. Aber Yello hatten wir schon ein paar Stunden zuvor — welch gute Gelegenheit für einen kleinen Hörertest.

Stefan hatte mir erzählt, daß das Telefon den ganzen Abend nicht stillgestanden hätte, und jetzt war ich doch auch neugierig, ob das Interesse weit nach Mitternacht immer noch so groß ist. Kaum frage ich nach dem Ende der Roxy Music-Nummer, von wem wir schon einmal den Titel *Oh yeah* im Programm hatten, da läutet's auch schon wieder Sturm unter *Nullsiebenelfdreißigeinundfünfzig*.

Flo aus Bietigheim weiß die Antwort sofort, und er nutzt auch gleich die Gelegenheit für eine Beschwerde. Warum wir so wenig Dauerhörerteams gebildet hätten. Er sei auch «mit -zig Leuten» (es sind fünf) seit Anfang an dabei, und zwar bis zum bitteren Ende. Mein Einwand, daß wir deshalb nur fünf Gruppen zugelassen haben, weil wir nicht das ganze Land in Aufruhr bringen können, wird entwaffnend gekontert: «Doch — den ganzen Wilden Süden.» Vielleicht ist Flo später froh gewesen, doch kein im Wettbewerb stehender Dauerhörer gewesen zu sein.

Mein zweiter Testanruf in dieser Nacht löst nicht eben Jubel aus. Wobei ich gestehen muß, daß es mir immer diebischen Spaß gemacht hat, mitten in der Nacht wildfremde Leute anzurufen — aber was heißt wildfremd, irgendwann wuchs ja alles zu einer vertrauten Gemeinschaft zusammen. Jedenfalls ist es kurz vor halb vier, als bei Martin Phillip das Telefon klingelt. Er

17. August 1989

Herrn Thomas Schmidt
und Herrn Stefan Siller
Süddeutscher Rundfunk
Neckarstraße 230

7000 Stuttgart 1

Sehr geehrter Herr Schmidt,
sehr geehrter Herr Siller!

Ich wünsche Ihnen im Namen der Landeshauptstadt Stuttgart
und persönlich für Ihren Rekordversuch, die längste Hitparade der Welt zu moderieren, alles Gute. Mögen Sie auch
die noch verbleibenden Stunden gut überstehen, damit Sie
Ihr Vorhaben am Samstag erfolgreich abschließen können.

Anbei zwei Stirnbänder und zwei Regenschirme der Landeshauptstadt Stuttgart, damit Sie sehen, daß diese Sie bei
Ihrer schweißtreibenden Arbeit nicht im Regen stehen läßt.

Mit nochmals besten Wünschen und freundlichen Grüßen
verbleibe ich

Rommel

hört sich an, als ob ich ihn wirklich geweckt hätte. Aber er ist einfach nur müde, ansonsten voll dabei. Schreibt jeden Titel mit, nennt mir die letzten drei korrekt. Er hält sich mit einer delikaten Rezeptur wach: Salzstangen, zwei Kannen Kaffee und Zigaretten. Ein Beitrag zur Volksgesundheit scheint diese Hitparade jedenfalls nicht zu sein.

Martin, zwanzig Jahre alt, hat übrigens nicht mit irgendwelchen Kumpels ein Dauerhörerteam gebildet, sondern — mit seiner Mutter. Die schläft gerade und will die *Tagschicht* übernehmen. Hoffentlich kommen eines Tages nicht meine Kinder mit so einem Unsinn auf mich zu.

Kollegialer Zuspruch auch während der Nachtstunden. Friedemann Leinert ruft an und meint: «Ich will gerade ins Bett gehen, mach's Radio an und denke, nanu, die sind ja immer noch dran.» Ha ha ha.

Irgendwann bekomme ich mächtigen Hunger. Und Durst auf ein schönes kühles Bierchen. Nichts da, im wahrsten Sinne. Die Torte vom letzten Nachmittag ist längst gevespert, im Care-Paket der Fernsehkollegen finden sich nur ein paar vertrocknete Brezeln vom Vortag und die Getränkeauswahl ist deprimierend: isotonische Durstlöscher in verschiedenen Geschmacksvariationen. Ich konnte noch nicht ahnen, daß sich die Versorgungslage bald rapide verbessern würde. Dafür hat sich die Gruppe Sailor plazieren können — mit *Glass of Champagne*. Dann muß eben die Hörerpost zum Wohlbefinden beitragen. Ein Mädchen schreibt in bunten Lettern: «SDR 3 is my life.» Meins auch.

Daß so eine Nacht nicht spurlos an mir vorüberrauscht, merke ich um halb sechs. Die ersten Kurznachrichten, wie immer morgens zur halben Stunde, verlese ich mit schwerer Zunge. Und ausgerechnet heute sind diverse polnische Namen in den Meldungen. Der Wetterbericht verheißt 30 Grad mit leichter Gewitterneigung.

Die ersten Kollegen der Frühschicht *kommen zum Wecken vorbei.* Mein Gott, sehen die unausgeschlafen aus, richtig verquollene Augen. Für sie habe ich jetzt genau das richtige. Eine Platte, die bei uns bestimmt noch nie um 5.43 Uhr gelaufen ist, sozusagen eine eisenharte Frühmelodie: *Kings of Metal.* Ob Stefan schon wach ist?

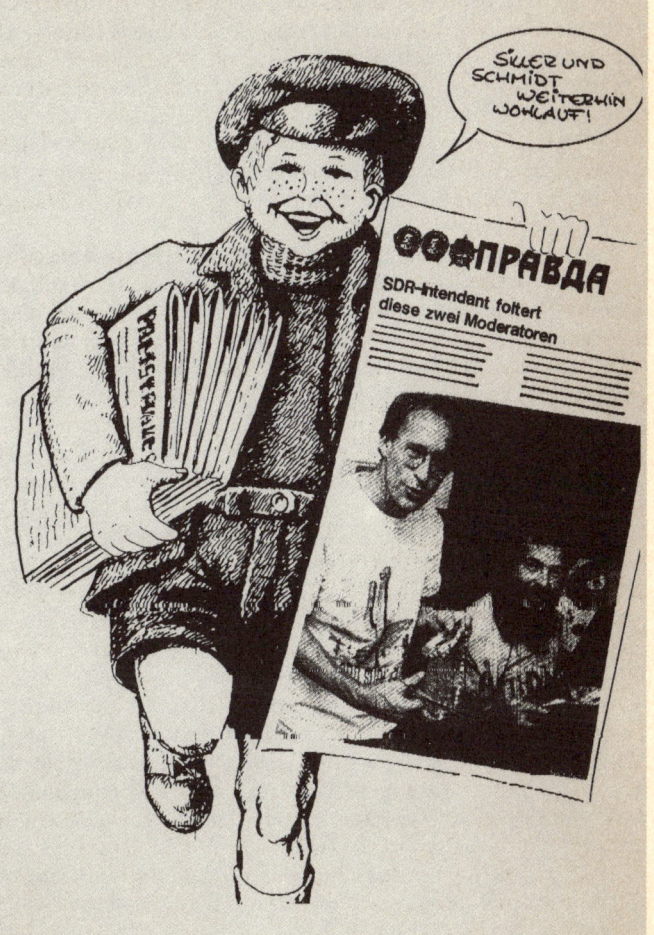

Night fever (793)

Das Wachwerden geht wesentlich schneller als das Einschlafen.

Als ich Thomas gegen 23 Uhr das Feld überlasse, bin ich zwar noch nicht besonders müde, will mich aber dazu zwingen, unseren Zeitplan einzuhalten. Harald, unsere freundliche Nachtschicht in der Technik, ist auch schon da, obwohl er erst ab Mitternacht Dienst schieben müßte. Aber er betreut uns eben gern.

Die rechte Bettschwere hat sich noch nicht eingestellt. Ein Bierchen als Schlaftrunk ist also quasi dienstlich von Nöten, zumal Harald ein friesisch Herbes hat.

«Wöhlerchen!»

Thomas leidet sichtlich. Aber im Dienst haben wir uns striktes Alkoholverbot auferlegt, ahnend, was im Laufe der Woche auf uns zukommen könnte. Also, damit wir uns nicht falsch verstehen, auch ansonsten pflegen wir nüchtern zu moderieren. Lallen ist nicht angesagt, obwohl Journalisten zu den besonders gefährdeten Berufsgruppen zählen, rein statistisch gesehen. Aber eine Schorle oder ein Bier ist natürlich schon mal drin, wenn man nächtens noch werkelt. Für diesen Marathon aber, der Kondition für fünf Tage erfordert, Konzentration, die sofort von den Hörern überprüft werden kann, sind Sprudel und Saft die Alternative. Nur jetzt, da ich bis 6 Uhr früh frei habe und die Zeit zum Schlafen nutzen sollte, genehmige ich mir dieses Fläschchen.

Von Schläfrigkeit keine Spur, ich gehe trotzdem. Nicht alle Energie am Anfang verpulvern.

«Tschüß Thomas, frohes Schaffen.»

So sehr ich mich auf mein ruhiges Hotelzimmer freue, so wenig nützt es mir. Nach einem kargen Abendmahl — hungrig bin ich eigentlich auch nicht — lege ich mich in meine Betthälfte. Im Kopf drehen sich Platten und Plazierungen. Das Band muß richtig eingestellt, nicht der falsche Regler hochgezogen werden.

Mir war noch nie aufgefallen, daß so nah am Funkhaus eine Kirche steht. Sie schlägt viertelstündlich. Vermutlich tun das alle Kirchenglocken. Im Moment gongt sie mir alle fünfzehn Minuten ein, daß ich immer noch nicht schlafe.

CDU · *Bundeskanzleramt*

Sehr geehrtes Team von SDR III,

in meiner Eigenschaft als Bundeskanzler und Fraktionsvorsitzender der CDU würde ich es als sehr positiv einstufen, wenn Sie mir eine Liste Ihrer Top Tausend X-Hitparade, zukommen lassen könnten.
Sollten Sie es vorziehen, meiner Bitte nicht nachzukommen, wird dies weitreichende Konsequenzen für den Süddeutschen Rundfunk zur Folge haben. Ich hoffe, wir haben uns verstanden.

Hochachtungsvoll

Helmut Kohl

P.S.: Seien Sie bitte so gut und stecken die Liste in den beigefügten Umschlag. Ne Briefmarke hab' ich schon draufgeklebt. Das ist toll!

Zwei Schläge, also halb, vermutlich halb eins.

Der Kameramann will eine Einstellung nochmal drehen. Der Fotograf bittet, die Uhr anders zu halten. Was machen wir hier eigentlich? Ein dolles Ding oder Nonsens? Wir haben uns ziemlich weit aus dem Fenster gehängt.

Drei Schläge, dreiviertel eins. Ich habe inzwischen gelernt, wie man hierzulande zu *viertel vor* sagt. Klappt alles? Eigentlich läuft es ja ganz gut, das Echo ist weitaus größer als wir dachten und positiv. Hundert pro. Schlafen wäre jetzt nicht schlecht.

Es gongt viermal und dann noch einmal, und irgendwann muß ich wirklich eingeschlafen sein. Vorübergehend zumindest. Ich kann nicht mehr unterscheiden, ob ich von den Top Tausend X träume oder darüber nachgrüble. Den Weckauftrag für 6 Uhr hätte ich mir sparen können. Ich wache schon früher auf, bleibe noch liegen, aber schlafen kann ich nicht mehr. Also duschen und wieder ans Werk. Frühstücken könnte ich auch, aber Hunger habe ich nicht.

Little red corvette (1289)

«Good morning.» Thomas begrüßt mich Dienstag früh mit einem unserer freundlichsten Jingles. Trotz meiner relativ unruhigen Nacht versteigt er sich zu der Behauptung: «Frisch siehst Du aus!» Schade, daß die Zuhörer das nicht sehen können. Ich bin gerade rechtzeitig zu dem historischen Moment gekommen, da die Top 1300 eingeläutet werden. Thomas sieht sich genötigt, mich zu beloben, da ich sogleich Kaffee koche. Ich kann mich mit der Ankündigung revanchieren, daß wir vom nächsten Morgen an täglich mit frischen Brötchen versorgt werden. Ein Austräger möchte uns verwöhnen. Und damit wir — eingebunkert wie wir diese Woche nunmal sind — das aktuelle Tagesgeschehen nicht völlig aus den Augen verlieren, bekommen wir auch jeden Morgen unsere eigene Zeitung gebracht. Durch die Top Tausend X scheint Radio kein einseitiges Kommunikationsmittel mehr zu sein.

Rainhard Fendrich hat seinen *Tango Korrupti* auf 1295 plazieren können. Dazu haben wir eine schöne, passende Meldung: Auch Bundeskanzler Kohl tanzt gern mit seiner Gattin. Er bevorzugt den *intimen Tango*. Von Korrupti ist nicht die Rede.

Was ist das? Das typische Sommerloch in Bonn oder ein schwarzer Panda im St.-Gotthard-Tunnel?

Fiat Panda. Die tolle Kiste.

Haben Sie es erraten? Natürlich ein Panda 1000 CL. Unverkennbar: die Kistenform mit einem Laderaum von bis zu 1000 l. Sparsam und steuerfrei: der FIRE-Motor. Seine 44 Pferde verbrennen auf der Strecke Bonn – Como (rund 900 km) ganze 48,6 Liter bleifrei Normal, und das schadstoffarm bei konstant 90 km/h (nach DIN 70030-1). Übrigens genausoviel wie auf der Strecke Como – Bonn. Doch sprechen wir lieber von den wahren Urlaubsfreuden, dem zweigeteilten Faltdach, einem einzigartigen Extra. Es sorgt schon am ersten Reisetag für eine sehr intensive Stau-Bräune. Bei Fahrer und bis zu 4 Beifahrern. Bei Karlsruhe oder auch am Irschenberg.

Prospekte und Händleradressen gibt's zum Ortstarif unter 0130/2285.

Um 7.15 Uhr klingelt das Telefon, das heißt, es klingelt ja permanent, aber in diesem Fall sind Helge und Co. dran, das selbsternannte Top Tausend X-Car-Team. Sie haben Ferien und offenbar nichts Besseres zu tun (was wir gut verstehen können), als durch die Gegend zu fahren, um die Top Tausend X zu hören. 350 km haben sie schon hinter sich. Sie verweilen immer dort, wo sie uns besonders gut empfangen können. Eigentümlicherweise können sie uns im Moment gar nicht gut empfangen, obwohl sie schräg gegenüber vom Funkhaus stehen. Es stellt sich heraus, daß sie die falsche Frequenz eingestellt haben: 99,9 statt 92,2. Die Jungs fahren also einfach durch die Gegend, nur um die Weltrekord-Hitparade zu hören. Wir versteigen uns zu einer Aktion. Das Top Tausend X-Car-Team bricht auf zur Raststätte Eichen. Wir fordern andere Autofahrer, die uns hören und ein Gemeinschaftserlebnis suchen, auf, um zehn Uhr ebenfalls zur Raststätte zu kommen. Erkennungszeichen: ein roter Golf mit zwei weißen Streifen, aus dem volle Kanne die Top Tausend X dröhnen. Nachdem wir offenbar ungeahnte Reaktionen auslösen, könnte es ja durchaus noch mehr Verrückte (verzeiht!) geben, die nur zur Raststätte Eichen fahren, um Gleichgesinnte zu treffen. Wie der Zufall so spielt (es ist wirklich Zufall) haben wir direkt nach dem Telefonat einen passenden Titel anzubieten: Prince auf Platz 1289 *Little red corvette*.

Gleich darauf — zu unserer eigentlichen Arbeit kommen wir kaum — wieder Besuch im Studio. Wir haben uns ärztlichen Beistand gewünscht, und wir bekommen ihn. Der neue SDR-Betriebsarzt Dr. Walker erscheint wie verabredet kurz vor halb acht, um unseren Blutdruck zu messen. Wir bekommen fachlich bestätigt, daß wir noch relativ gesund sind und weitermachen dürfen. Wir wollen die Hörer an unserem Befinden teilhaben lassen. Unser Geisteszustand läßt sich jederzeit an unserer Moderation überprüfen. Unseren Gesundheitszustand verkünden wir von nun an allmorgendlich um 7.30 Uhr nach den Kurznachrichten. Statt der üblichen Wasserstandsmeldungen (… der Rhein bei Karlsruhe-Maxau…) in dieser Woche der Blutdruck von Schmidt und Siller. Erste Meldung vom 15.8.: Schmidt 140:110, Siller 140:110.

Da der Herr Doktor nicht jeden Morgen zu früher Stunde Zeit hat, uns zu besuchen, versucht er dem unkundigen Schmidt die Funktion seines Blutdruckgerätes mit Pumpen und

Ventilen und Umschnallen und Pipapo zu erklären. Schmidt behauptet, das Gerät zu beherrschen. Nun, wir werden sehen, morgen früh. In dem Bewußtsein, wieder etwas gelernt zu haben, und der Gewißheit, gesund zu sein, verabschiedet sich Thomas für ein Nickerchen.

Nach durchwachter Nacht steht ihm eine längere Ruhepause zu, und ich habe dienstplanmäßig meine Heavyschichten vor mir. 10 Stunden Tagesdienst, 5 Stunden Pause, 10 Stunden Nachtdienst. Dafür komme ich in den Genuß, mal wieder ein Päckchen auspacken zu dürfen. Es stammt von Petra, und ich verkünde gern, was sie dazuschreibt: «Ihr seid spitze!». Ich kann das Kompliment nur zurückgeben: «Unsere Hörer sind spitze!»

Lauter energische Sachen haben wir wieder bekommen: Riegel und Bonbons, die Energie spenden sollen. Und einen aufmunternden Gruß von Elena Maria (11 Monate alt): sie steht auf unser *Ralala*. Hoffentlich steht sie auch auf den nächsten Titel — so wie ich: *Move over*. Janis Joplin konnte sich auf Rang 1263 plazieren. Schade, daß Janis sich totgesoffen hat.

Thomas hat die Nacht ganz gut über die Runden gebracht. Aber wie steht es mit unseren Dauerhörern? Testanruf in Esslingen. Man kann durchaus den Eindruck gewinnen, daß sie mit Janis heimlich schon mal angestoßen haben.

«Sauft nicht so viel, Jungs!» Aber sie haben alles drauf, wissen die letzten drei Titel, bleiben im Rennen.

Damit es mir nicht langweilig wird, kommen die Telefaxe jetzt stapelweise, und sie werden immer länger; schätzungsweise 10 Seiten haben Renate, Nadja und Andrea gefaxt. Seitenlange imaginäre Gleichungen: «Summe aus tnt, T = log, unter besonderer Berücksichtigung von Skorpion und Jungfrau». Die Quintessenz ist leichter zu entziffern. Ich lese sie gern vor (eitel sind wir überhaupt nicht):

«Grübel, grübel und studier,
gebt uns noch 'n Blatt Papier.
Wir rechnen hin, wir rechnen her,
wann wohl unser Lied dran wär.
Ach was, die blöde Rechnerei.
Jetzt bleiben wir auch nonstop dabei.
Denn im Wilden Süden kriegt man heiße Ohren,
bei diesen beiden süßen, superturboaffengeilen
Moderatoren».
Kein Kommentar mehr nötig.

Offenbar sonne ich mich zu lange in diesen Lobhudeleien. Ich muß kurz darauf gleich einen Fehler eingestehen. Ich habe einfach einen Platz ausgelassen: Kool & The Gang *Get down on it* wäre auf 1262 drangewesen. 1261 und 1260 habe ich schon gespielt. Eigentümlicherweise — obwohl ja sonst das Echo auf alles, was wir tun, sehr groß ist — ruft niemand an, um sich zu beschweren. Nachgeholt wird das Stück natürlich trotzdem, wir wollen schließlich die 1501 Titel vollständig bringen.

Auf 1259 dann wieder ein ganz besonderes Bonbon. Bei dieser Hörerhitparade kommen Titel zum Zuge, die sonst verdammt selten im Radio zu hören sind, und oft genug ist das bedauerlich. 1259, das sind die Comedian Harmonists und ihr *Kleiner grüner Kaktus*. Passenderweise habe ich — von Zufällen sprachen wir ja schon — mein T-Shirt mit dem grünen Kaktus an.

Gegen 11.13 Uhr klingelt das Telefon. Zu der Begeisterung, die wir bei den Hörern ausgelöst haben, fällt mir schon bald gar nichts mehr ein, außer der bei Loriot entlehnten Äußerung: «Sagenhaft!» Unser Top Tausend X-Car-Team meldet sich von der Raststätte Eichen. Sage und schreibe 20 Leute sind dem Aufruf, sich ab zehn Uhr an dieser Raststätte zu treffen, um gemeinsam die Top Tausend X zu hören und andere Radioverrückte kennenzulernen, gefolgt. 20 Leute aus Ulm, aus Karlsruhe, aus Stuttgart, aus München haben sich mit unserem Team getroffen, sind — wie Helge sich ausdrückt — aus dem Häuschen. Aus allen Autos dröhnt auf dieser Raststätte (und nicht nur dort) die Weltrekord-Hitparade Top Tausend X.

Dreams (1447)

Das Dröhnen in meinem Kopf macht es schwer, die Vogelstimmen im Park der Villa Berg wahrzunehmen. Schon wieder ein toller Sommermorgen. Normalerweise liebe ich die Nachtschicht wegen des Morgens danach. Alles muß zur Arbeit hasten, und selbst hat man sie hinter sich. Aber jetzt ist mir nicht nach Tageserwachen zumute — wenn ich jetzt nicht schlafen kann, dann weiß ich auch nicht. Und ich kann schlafen, tief und fest. Aber die Hitparade läßt mich auch im Bett nicht los. Ich träume die ganze Zeit von Zahlenkolonnen. Drei-

Eva und Volkhard ████████,

SDR 3

23.08.1989

TOP 100X

Sehr verehrtes Top 100X - Team

Herzlichen Glückwunsch zu Eurem Weltrekord
an Euch alle, vor allem aber an die beiden
Moderatoren Stefan Siller und Thomas Schmidt.

Wie Ihr sehen könnt, war auch unser Sohn Johannes
- gerade 5 Wochen alt - begeistert von Eurem Programm
und hat durchgehalten bis zum Schluß.

Macht weiter so !

Euere SDR 3 - Hörer

Eva und Volkhard

mit Johannes

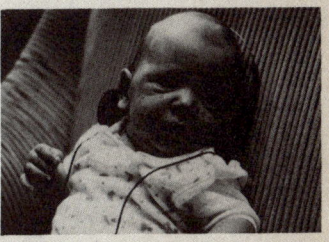

P.S. Natürlich brauchen wir das Buch
mit der Auflistung der 1501 Titel;
Umschlag liegt bei.
Vielen Dank !

zehnhundertvierundsiebzig, Vierzehnhundertachunddreißig, Vierzehnhundertsiebenundzwanzig... Nach solchen Träumen weiß man nicht, ob man denn nun eigentlich geschlafen hat. Dem Gefühl nach glaube ich beim Aufwachen gegen Mittag nicht so recht daran. Draußen ist es knalleheiß, und bis zur Ablösung könnte ein Sprung ins Mineralbad nichts schaden. Zum ersten Mal seit Sonntag fühle ich mich wieder regeneriert, als ich auf der Liegewiese döse. Interessiert verfolge ich per Walkman auch eine Sendung namens Top Tausend X mit einem gewissen Stefan Siller. Der guckt mich regelrecht verwundert an, als ich um 16 Uhr schon wieder im Funkhaus bin — der Mann scheint noch topfit zu sein. Und dann will dieser Lümmel nachher auch noch Fußball spielen gehen. Wie war das noch mit dem absoluten Sportverbot? Andererseits, wenn er zuviel Kraft hat, dann soll er sie doch abbauen. Ich bin ja nur mal gespannt, wie er die nächste Nacht übersteht.

Mir tut es jetzt fast schon leid, daß ich *nur* die kurze Abendschicht vor mir habe, gerade mal sechs Stunden Sendung. Die Relationen verschieben sich allmählich, normalerweise bin ich nach drei Stunden *on the air* einigermaßen bedient. Ich beschließe, es ruhig angehen zu lassen, und blättere in dem Wust von Telefaxen, die tagsüber gekommen sind.

Woodstock (nicht plaziert)

Heute trifft neben Hunderten anderer *das* Telefax ein, das Thomas und mich ganz besonders stolz macht, das wir mit großem Vergnügen an die Presse weitergeben, das immer wieder zitiert werden wird, kurz und prägnant auf den Punkt gebracht: «Eure Top Tausend X ist das Beste seit Woodstock!» Wir ahnen zu diesem Zeitpunkt noch nicht, wie oft dieser Vergleich noch strapaziert werden sollte. Immerhin senden wir ja an einem historischen Datum, genau 20 Jahre nach Woodstock. Aber wie das Leben so spielt, kommt nach einem besonders tollen Lob gleich wieder ein besonders großer Bockmist. Auf Rang 1233 haben sich Depeche Mode mit *A question of time* plazieren können; eben dieses sage ich natürlich auch an, lasse diese besonders hübsche, weil rote, Platte spielen und denke mir nichts Böses dabei. Es kommen Werbung und Nachrichten, danach schneide ich von unserem bunten Maßband die

Nummer 100 ab, was bedeutet noch 99 Stunden zu senden in den Top Tausend X, und das Programm geht weiter, als wäre nichts gewesen. Dabei *war* etwas, was wir aber erst zwei Tage später realisieren werden, weil dann die Proteste zuhauf kommen. Depeche Mode ist gelaufen, aber nicht *A question of time* sondern *A question of lust*, und dieser Titel hat sich auf 676 plaziert. Zuerst mögen die Leute noch an eine falsche Ansage geglaubt haben — spätestens am Donnerstag werden sie dann merken: ein Titel ist zweimal gelaufen und einer gar nicht. Allen widrigen Umständen zum Trotz nehmen die Glückwünsche und die Durchhalteparolen kein Ende. Ganz besonders freuen wir uns natürlich, daß die Konkurrenz, zumindest die private, ihre Begeisterung kundtut. Ganz besonders bedauern müssen wir es, daß ein Hörer in Dürrenzimmern seinen Urlaub verschieben muß, weil er uns weiter hören will. Wir haben Verständnis.

Man sollte meinen, daß eine Nachtschicht weitaus anstrengender sei als die Arbeit am Tage. Aber speziell am Tage ist der Teufel los im Studio. So lieb gemeint — und natürlich auch von uns so aufgenommen — die vielen Besuche sind, so anstrengend sind sie natürlich, weil sie von der Arbeit ablenken. Das betrifft insbesondere die Kollegen von der Presse, auf die aber natürlich jeder angewiesen ist, der berühmt werden will — so wie wir. Ganz besonders turbulent sind in diesem Zusammenhang natürlich die Stunden, in denen Thomas und ich gemeinsam im Studio sind. Eigentlich um zu moderieren, aber eben auch, um Männchen zu machen für die Fotografen und artig Auskunft zu geben für die Reporter. Ein Boulevardblatt und eine Zeitung, von der man das nicht so ohne weiteres erwartet hätte, stellen hintereinander den Antrag, uns unter der Dusche fotografieren zu dürfen. Das wird selbstverständlich als unsittlich abgelehnt. Die eine Fotografin begnügt sich schließlich damit, uns bei der Arbeit abzulichten, die andere ist erst zufrieden, als ich mich von Thomas einseifen und mir von ihm das Messer an die Kehle setzen lasse. Ich stehe Todesängste aus, und das nur um den Eindruck zu erwecken, er würde mich rasieren. Für ein Telefoninterview ziehe ich mich ins Nebenstudio zurück und überlasse für die nächsten Stunden die Sendung Schmidt, den es nach seinem Nickerchen am Nachmittag zunächst einmal nach einem Spiegelei gelüstet. Der Wunsch bleibt unerfüllt, hoffentlich wird die Sendung trotzdem gut.

DER GESCHMACK EINER NEUEN GENERATION

Good vibrations (779)

Nach und nach beginne ich zu glauben, daß es eine erfolgreiche Sendung werden könnte. Oder ist es nur die Anfangsbegeisterung, können die uns in zwei Tagen nicht mehr hören? Stefan hat erzählt, daß die Sendung aus unserem Abendstudio, aus dem wir von 18 bis 22 Uhr funken, ganz angenehm ist. Man muß nicht selber Platten auflegen, hat Zeit, mit den vielen Hörern persönlich zu sprechen, kann sich überhaupt mehr um Organisatorisches für die Sendung kümmern. Na ja, aber ein ruhiger Job ist das auch nicht gerade. Vor allem für die Kollegen in der Technik nicht. Sie haben plötzlich ein neues Berufsbild — das des Telefonisten. Es ist wirklich nicht übertrieben; ist der eine Anruf entgegengenommen, klingelt's schon auf Leitung 2 — und umgekehrt. Nebenbei Regler aufmachen, Wünsche des Moderators zum Programmablauf beachten, und, wie an diesem Abend auch noch, Fußballzwischenergebnisse notieren, die die Sportredaktion durchtelefoniert, damit ich sie weitergeben kann. Unter den begeisterten Anrufern sind auch viele, die wissen wollen, ob es von der Top Tausend X eine Liste gibt. Immer wieder die geduldige Antwort — ja, aber wir wissen noch nicht wann, weil sie noch nicht gedruckt ist und erst dann feststeht, wieviel Rückporto beigelegt werden muß. Um die Technik zu entlasten, erkläre ich den Sachverhalt mit den Listen groß und breit über den Sender. Kurze Zeit später klingelt das Telefon: «Gibt es eigentlich auch Listen von der Hitparade?» Die Telefonzentrale bricht auch allmählich zusammen. Um der Masse von Anrufen wenigstens im Studio Herr zu werden, schieben vom nächsten Abend an zwei Assistentinnen Telefondienst. Eine von 18 Uhr bis Mitternacht, die nächste von Mitternacht bis sechs Uhr früh. Hunger werden wir in dieser Woche wohl auch nicht mehr leiden müssen. Ein Pizza-Service bietet uns an, bis Samstag jederzeit auf ihre Kosten was bestellen zu können. Ein Waldheim hat gerade Grillfete, und wir sollen anrufen, wenn wir Fleisch brauchen. Dann steht plötzlich eine Riesenportion Eis auf dem Studiotisch. Und ich dachte, ich würde diese Woche abnehmen. Auch die Flüssigversorgung klappt, wenn auch nicht während der Sendung verwertbar — eine Riesenflasche Whisky wird angeliefert. Von zwei Menschen, deren Gesichter mir bekannt vorkommen.

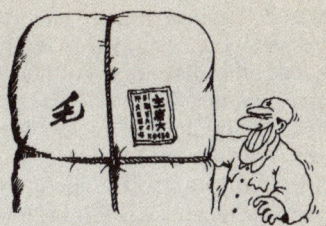

Aufs Glücklichste lacht Wun-li-pei, Mitglied der
Volkskommune Yüan-pei-tse und freiwilliger
Erntearbeiter, beim Anblick der bereits auf
das Versandfertigste verpackten TOP 1000 X Liste!

Und jetzt soll alles schon vorbei sein?

Na klar doch, das sind ja Rezzo Schlauch und Fritz Kuhn von den *Grünen*, die nebenbei auch noch von ihrer Partei «solidarische Grüße» übermitteln. Und immer wieder Anrufe, Anrufe, Anrufe. Das ganze Land scheint nur noch Feten zu feiern — mitten in der Woche —, zumindest was man aus dem Großraum Stuttgart so hört. Eine Anrufaktion ergibt, daß es in der Gegend um Heidelberg/Mannheim auch gut zur Sache geht. Michael Hantsch, seit wenigen Tagen bei SDR 3 (welch ein Arbeitsauftakt) ist als rasender Reporter im Rhein-Neckar-Kreis unterwegs. Seine erste Station: Wiesloch. Trixi macht da eine Fete, nicht allein der Hitparade wegen. Sie hatte auch noch eine Wette gewonnen, ob *Bayern München* Meister wird. Der Wettgewinn: sieben Pullen Wodka, die in dieser Nacht möglichst vernichtet werden sollten. Michael fragt besorgt, ob denn am nächsten Tag wenigstens arbeitsfrei wäre. Trixi: «Nee, wer trinken kann, der kann auch arbeiten.» Und dann bringt uns die versammelte Fetenmannschaft zu Wiesloch noch übers Telefon ein Ständchen — «SDR 3» gröhlt es vielstimmig aus dem Hintergrund. Jetzt wissen auch die Nachbarn, welcher Sender gerade angesagt ist.

Dann mal wieder ein Dauerhörertest — so früh am Abend, kurz nach neun, ist das ja eigentlich langweilig. Aber der Lehrling beim Architekturbüro, das während der ganzen Hitparade besetzt bleiben soll, pennt bereits. Er ist morgen wieder dran, der *diensthabende* Mitarbeiter nennt die letzten drei Titel korrekt und bleibt im Spiel.

Michael meldet sich aus Sinsheim, vom *Alten Bahnwärterhäuschen*. Beste Stimmung, auch dort werden Titel mitgeschrieben, obwohl es keine Dauerhörer sind. Unter den Gästen auch ein Discjockey, der für seinen Laden ordentlich Reklame machen darf. Zu Recht, denn er verspricht, von Freitag abend 23 Uhr an nicht mehr selber Platten aufzulegen, sondern die Diskothek mit der SDR 3-Top Tausend X zu beschallen. Nun liegt Sinsheim an der Autobahn, und Michaels Reportage aus dem Bahnwärterhäuschen wird später noch Auswirkungen auf die Zahl der Besucher dort haben.

Die Abendschicht vergeht wie im Fluge, und ich habe überhaupt noch keine Lust, bereits jetzt um 23 Uhr das Haus zu verlassen, geschweige denn ins Bett zu gehen. Eine ganze Nacht frei, was soll die viele Freizeit. Und wie sieht das überhaupt hier wieder aus im Studio. Zu Hause passiert mir das nie, aber

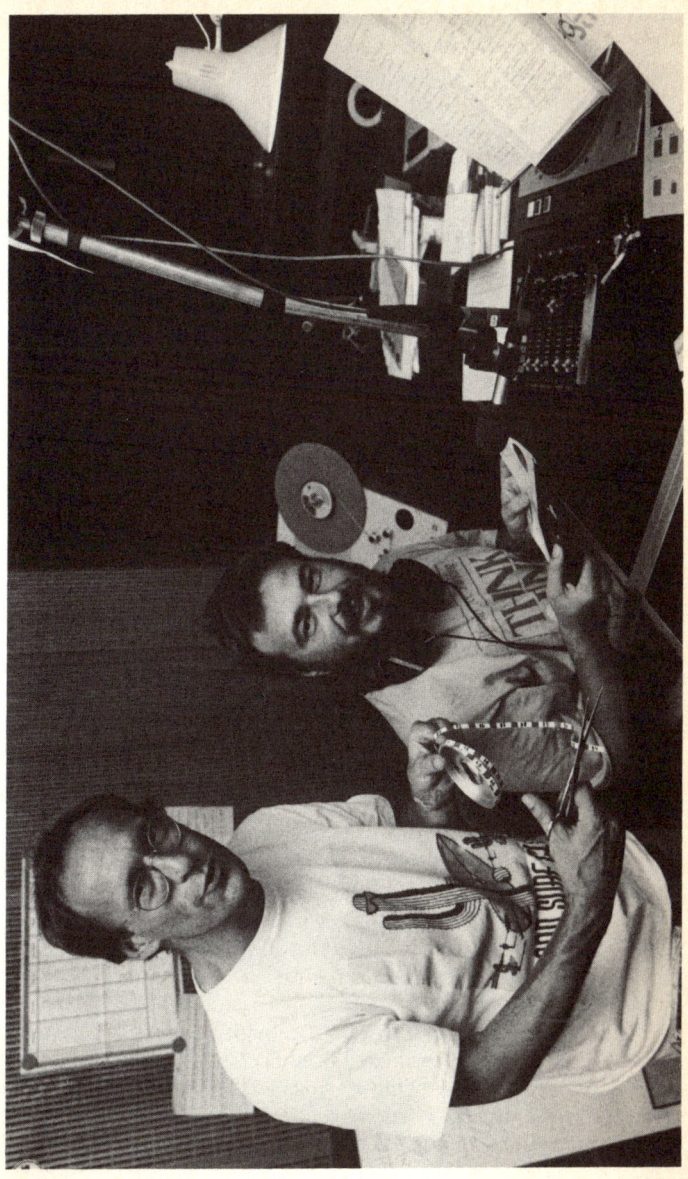

ich bekomme plötzlich den Aufräumtick. Telefaxe, Sendelauf-
pläne, die diversen milden Gaben unserer Hörer, Notizen, Karteikarten, Geschirr, leere Gläser, natürlich schon auf der Tisch-
platte angetrocknet — es ist wie bei Hempels unterm Sofa. Ich
bekomme Angst, daß wir hier irgendwann einmal den Über-
blick verlieren. Siller kann darüber nur feixen. Wenn er meint,
sich diesen Leichtsinn leisten zu können, bitte sehr. Ich hinter-
lasse ihm auch noch ein zusätzliches Chaos: eindreiviertel Stunden Rückstand im Zeitplan für die Top Tausend X.

Es lebe der Sport (1113)

Bevor ich mich an die Aufholjagd machen kann, machen
muß, bin ich erstmal froh, daß ich dem Trubel entrinnen kann.
Fünf Stunden frei, was tun? Schlafen kannste jetzt sowieso
nicht. Frische Luft täte sicher gut. Was also liegt näher, als das
zu tun, was sowieso jeden Dienstag — zumindest im Sommer
— anliegt: mit den Kollegen unserer SDR 3-Freizeitmannschaft
kicken zu gehen. Dabei kann ich auch sicher sein, daß Thomas
nicht neidisch wird. Bevor er freiwillig hinter einem Ball her-
läuft, moderiert er mit Sicherheit lieber fünf Tage allein durch.
Auch um 18 Uhr ist es noch richtig heiß. Abschwitzen lautet
also die Parole. Irgendwann tut meine Wade weh, das ist aber
kein Grund zum Auswechseln. Unter diesen Bedingungen
macht die dritte Halbzeit, das Duschen, fast soviel Spaß wie das
Spiel selbst. Das Problem kommt dann erst bei der vierten. Ich
weiß, ich habe noch eine lange Nacht vor mir. Alkohol ist also
nicht angesagt. Das ist hart, da das Pils nach dem Fußballspielen fast noch besser schmeckt als andere. Für den Appell an
die Solidarität der Kollegen, die Gelegenheit zu nutzen und
auch einen alkoholfreien Abend einzulegen, ernte ich nur ein
müdes Lächeln. Ich trinke also als einziger brav meinen Sprudel, was im übrigen ja auch viel gesünder ist, und bin in Gedanken schon wieder in der Sendung.
Kurz nach 22 Uhr sitzt auch mein müder Körper wieder
neben Schmidt in Studio 9. Thomas begrüßt mich bei offenem
Mikro in der Sendung mit der überraschenden Frage: «Es geht
das Gerücht, Du hättest Fußball gespielt. Kannst Du das bestäti-
gen?» Was machst du jetzt, wenn du auf der einen Seite nicht
lügen, und auf der anderen Seite loyalerweise nicht der Parole

!!   ANTRAG   !!

ALS EINGEFLEISCHTE FUSSBALL-FANS
VERZICHTEN WIR FREIWILLIG AUF DIE
SPORTSENDUNG AM SAMSTAG.

KEINE HETZE AUF KOSTEN DER QUALITÄT DES

WELTREKORDS

Blacky

widersprechen willst, wir würden das Funkhaus während dieser fünf Tage nicht verlassen. Also drücke ich mich um eine klare Aussage: «Das kann gar nicht sein, schließlich hast Du mir ja Sportverbot erteilt.» Aber er insistiert auch noch, und ich lasse mich zu der Aussage hinreißen, ich sei zumindest nicht verletzt. Meine Wade ist sich da nicht so sicher. Anrufe, Telefaxe, Durchhalteparolen aller Art und auch Päckchen sind inzwischen weiter zuhauf angekommen. Darunter eine Flasche Whisky, überreicht von der Landtagsfraktion der Grünen. Ohne irgend jemanden zu irgendwelchen milden Gaben drängen zu wollen, müssen wir bei dieser Gelegenheit doch erwähnen, daß es ja auch noch andere Parteien gibt. Die nächste Nummer, 1113, ist treffenderweise Rainhard Fendrichs *Es lebe der Sport*.

Die beiden folgenden Titel haben es jeder auf seine Art in sich. Die *Heavy horses* von Jethro Tull sind fast neun Minuten lang. Unser Rückstand gegenüber der Sollzeit beträgt nun 1 Stunde und 45 Minuten. Steve Winwoods *Higher love* ist die erste richtige Schnapszahl in den Top Tausend X: 1111 die Plazierung.

Leider ist Thomas der einzige — zumindest von uns beiden — der sie würdig begießen kann. Bedauerlicherweise tut er es auch. Ich genehmige mir zur Feier des Anlasses ein Schlückchen edlen Multivitaminsafts. Thomas drängt es offenbar noch nicht so arg zum Matratzenhorchdienst. Er startet erst mal eine Aufräumaktion. Das kriegt er manchmal. Es ist so löblich wie nötig. In unserem Studio sieht es inzwischen aus wie bei Hempels unter dem Sofa. Listen fliegen durch die Gegend, halb ausgepackte Pakete stehen verstreut auf dem Boden rum. Um uns herum türmen sich Stapel von Telefaxen und Briefen. Und irgendwo dazwischen muß uns immer noch der Griff nach der richtigen Platte gelingen.

Geradezu lawinenartig verselbständigen sich inzwischen die Ereignisse um unsere Weltrekord-Hitparade. Die Hörer werden offenbar so vom Top Tausend X-Fieber gepackt, daß wir aus dem Staunen nicht herauskommen und in unserer Idee bestärkt werden, daß all diese Aktionen der Nachwelt erhalten bleiben müssen: wir müssen wirklich ein Buch schreiben.

Anruf der Hebammen aus dem Stuttgarter Marienhospital. Sie freuen sich, daß für diese Nacht keine Geburten zu erwarten sind, zumindest wenn alles normal läuft, und sie SDR 3 in Ruhe hören können.

OBACHT! OHRWÜRMER!

Anruf aus der Polizeistation Bietigheim. Es sei erfreulicherweise ruhig, sie könnten SDR 3 hören. Anruf aus dem Bahnwärterhäuschen in Sinsheim, wo eine Top Tausend X-Fete im Gange ist. Es wird immer voller. 18 neue unerwartete Gäste sind von der Autobahn abgefahren, um mitzufeiern. Einer müßte eigentlich nach München, einer läßt seine Freundin in Duisburg warten; ein LKW-Fahrer sollte mit seiner Fracht nach Kaiserslautern, aber wohlwissend, daß er uns dort nicht mehr empfangen kann, hängt er noch eine Nacht im Sendegebiet dran.

Kurz vor Mitternacht treten wir mit Rainbows *Stargazer* in die Top 1100 ein. Noch kürzer vor Mitternacht platzt der spanisch-deutsch radebrechende Hilfshausmeister Carlos Guinness ins Studio, um Unruhe zu stiften. Kurz nach Mitternacht verabschiedet sich Herr Schmidt endgültig zu einem Versuch, neue Energie zu tanken. Nicht ohne vorher noch das eine oder andere köstliche Häppchen zu naschen. Wir sind nämlich bestens verpflegt worden, unter anderem von einem evangelischen Ferienwaldheim und von Hotelprofis. Wir können sämtliche Kollegen der Technik, auch aus den anderen Programmen, mitversorgen.

Die Nacht geht eigentlich relativ zügig rum, zum einen dank guter Musik: über die Stones freue ich mich, über die Eurythmics, über Sting, über Nina Hagen (die vermutlich in dieser Nacht die einzige ist, die von sich behauptet: *Ich glotz TV*), über Eric Clapton, über Genesis, über AC/DC. Zum anderen durch die Anrufe, die wir tätigen, bei den Dauerhörern nämlich, die alle gut drauf sind; und schließlich durch die zahlreichen Anrufe, mit denen uns die Hörer zum Durchhalten animieren wollen. Unsere Telefonzentrale ist völlig überlastet. Unter den Anrufern sind auch viele Hörer, die Fan-Clubs gegründet haben, zusammen feiern und am liebsten die ganze Hitparade am Stück mitschneiden wollen.

Ein Kollege des SDR, der bei uns, so er Zeit hat, eifrig die Kassetten wechselt, hat mal ausgerechnet, wieviele Kassetten man braucht, um alles mitzuschneiden; alle, wie es im Moment aussieht, 7320 Sendeminuten. Nimmt man C-60 Kassetten, also mit einer Stunde Spielzeit, braucht man 122. Dort, wo Markus einkauft, würde das 391,62 DM kosten. Von C-90 Kassetten braucht man noch 82, Kostenpunkt: 273,88 DM und von C-120 Kassetten 60,5, also 61 Stück; Kosten: 300,73 DM. Wer einen Vi-

MINISTERIUM FÜR KULTUS UND SPORT
BADEN-WÜRTTEMBERG
DER MINISTER

Ministerium für Kultus und Sport Baden-Württemberg
Postfach 10 34 42 · 7000 Stuttgart 10

An die Herren
Stefan Siller
Thomas Schmidt

Neckarstraße 230
7000 Stuttgart

Süddeutscher Rundfunk

Stuttgart, den 18. August 1989

☎ Durchwahl (0711) 2003- 2608

Aktenzeichen: IV/3-0815.13/09
(Bitte bei Antwort angeben)

Betreff : Hitparade " Top 1000 X "

Sehr geehrte Herren,

mit großer Freude entnahm ich Funk, Fernsehen und Zeitung,
daß Sie Ihr Ziel, den Rekord des Konkurrenz-Senders " Rias ",
in der letzten Nacht einstellen konnten.Aus diesem Grund, sehe
ich dazu *mich* berufen, Ihnen in meiner Funktion als Kultusminister
recht herzliche Glückwünsche zu übersenden.Als alteingesessener
Stuttgarter, freue ich mich natürlich ganz besonders über
Ihre bemerkenswerte Leistung.
Weiter wünsche ich Ihnen bis Samstag alles Gute und hoffe,
daß " unser " Rekord noch lange unantastbar bleiben möge.

Mit freundlichen Grüßen

Gerhard Mayer-Vorfelder

Dienstgebäude: Schloßplatz 4 (Neues Schloß) · Fernsprecher Vermittlung (0711) 2003-1
Teletex 7 111 378 = MKS · Telefax (0711) 2003-2580

deorekorder zu Hause hat, womöglich mit Longplay-Möglichkeit, der ist am allerbesten dran. Er hat mit Abstand die beste Tonqualität (Hifi-Stereo) und braucht nur alle acht Stunden die Kassetten zu wechseln, kommt mit $15^1/_4$ Videokassetten aus und braucht auch nur 192,80 DM zu bezahlen.

Zwischen sechs und sieben Uhr, der Zeit also, da nicht nur sehr viele Hörer wieder munter werden, um uns zu hören, sondern auch Thomas Schmidt vermutlich aus seinem Bett schlüpft, kommen die schönen Oldies geballt hintereinander weg: die Stones, die Beatles und Led Zeppelin.

Couldn't get it right (986)

Mal hören, was Siller macht. Radio an. Siller macht Krach. Led Zeppelins Rock'n Roll ballert aus dem Lautsprecher, und einmal mehr stelle ich mir den Liebhaber beschwingter Frühmelodien vor, wie bei ihm gerade der Radiowecker um 6.13 Uhr angeht. Siller klingt noch gut, offensichtlich kann ich mir Zeit lassen, es reicht, wenn ich kurz vor sieben drüben bin. Bin eh noch etwas benommen.

Die Ruhepause wurde durch ein merkwürdiges Pfeifen beendet, das ich zunächst nicht einordnen konnte. Der Pfeifton wurde penetranter, bis mir dämmerte, daß es sich um das Telefon handeln könnte. Weitere Recherchen bestätigten mir die Vermutung — der Hotelweckdienst. Artig sagte ich guten Morgen, bedankte mich für den Anruf. Nach dem Auflegen fiel mir auf, daß ich gerade mit einem Tonband gesprochen hatte.

Hoffentlich hat Siller wenigstens schon mal Kaffee aufgesetzt. Hat er natürlich nicht. Klar, am Ende einer Nachtschicht ist es einem mehr nach Bier. Also setze ich das schwarze Gebräu auf, was notgedrungen nicht ganz geräuschlos vonstatten geht. Stefan kündigt mich deshalb an als «Lärm im Hintergrund, den wir später noch genauer vorstellen». Wer hat hier heute morgen schon mehr Lärm gemacht? Nach sieben Uhr läßt sich diese Frage nicht mehr eindeutig beantworten. Wir machen beide Krach. Stefan stößt Schmerzensschreie aus, ich herrsche ihn an, sich nicht so anzustellen. Wir sind dabei, unsere aktuellen Blutdruckwerte zu ermitteln. Also, wie war das nochmal: Manschette um den Oberarm, aufpumpen, — ja. wie lange eigentlich pumpen? Bis 180 oder bis 200? «Aua.» Ste-

Herzlichen Glückwunsch

**Wir freuen uns mit Stefan Siller und Thomas Schmidt
über den Weltrekord im Ländle – mit TOP TAUSEND X –
GRÖSSTE HITPARADE DER WELT.**

Bei uns im Verlag Das Beste ist ebenfalls jede Menge Musik drin. Denn mit unseren beliebten Musiksammlungen auf CD, MC oder LP ließe sich mühelos ein neuer Weltrekord aufstellen: Mehr als 37 Tage volles Programm mit über 15 000 Titeln. Von der Klassik bis zum Musical, vom Evergreen bis zum Superhit.

Doch Weltrekorde und Spitzenleistungen bieten wir auch in anderer Hinsicht: Mit der erfolgreichsten Buchidee der Welt, den Reader's Digest Auswahlbüchern. Mit faszinierenden Sachbüchern. Und mit DAS BESTE, der deutschen Ausgabe der meistgelesenen Zeitschrift der Welt. Gute Unterhaltung!

Das Beste
aus Reader's Digest

Verlag Das Beste GmbH Augustenstraße 1 7000 Stuttgart 1
Der Verlag für Zeitschriften, Bücher und Musikprogramme.

fans Adern schwellen bei diesem Pumpvorgang bedrohlich an: «Ich glaub', mein Arm fällt ab.» Der Junge ist aber empfindlich. Wahrscheinlich völlig überarbeitet. Für die Werte, die wir ermitteln, fühlen wir uns jedoch beide noch erstaunlich gut: «Sieben Uhr dreiunddreißig, der Blutdruck bei Siller 145:90, gestiegen fünf, gefallen zwanzig, der Blutdruck bei Schmidt 140:110, plus/minus Null.» Plus/minus Null, dieser Wert gilt auch für unser *Zeitguthaben* in Sachen Hitparade. Rückstand heute, am Mittwoch morgen: anderthalb Stunden.

Um 8.30 Uhr blase ich das Halali zur Aufholjagd über den Sender. Ziel bis 14 Uhr: eine halbe Stunde Rückstand wenigstens wettmachen. Es wird nicht einfach sein, zumal sich schon wieder etliche Long-Songs ankündigen. Vor allem die Fan-Gemeinde von Metallica hat uns das eingebrockt, da tut's ja kaum ein Titel unter acht Minuten. Manchmal glaube ich, das ist böse Absicht, nur um mich zu ärgern. Noch ein anderer kämpft heute morgen gegen die Zeit — Christian Pitschmann mit unserem Reportagewagen.

Nachdem er vor der Stuttgarter Staatsgalerie das erste Verkehrschaos angestiftet hat, ist er nach Esslingen weitergefahren und verteilt dort am Bahnhof SDR 3-Aufkleber. 4000 Stück hat er dabei, und schon jetzt sind erste Zweifel angebracht, ob die auch reichen. Christian nennt seine Fahrt *Top Tausend X-Express*, und er nimmt das wörtlich. Nachdem er sich um zwanzig nach acht aus Esslingen gemeldet hat, kündigt er seine Weiterfahrt über Göppingen und Wendlingen an, wo er hie und da Station machen will. Es vergehen keine zwei Stunden, da gibt Christian eine neue Standortmeldung durch: man finde ihn jetzt vor dem Ulmer Hauptbahnhof. Klaus Jost ruft an und stellt mir eine Rechenaufgabe: wenn Pitschmann um 7.30 Uhr vor der Staatsgalerie stand und um 10.15 Uhr in Ulm ist, mit welcher Durchschnittsgeschwindigkeit ist er dann durch Reichenbach an der Fils gebrettert? Hoffentlich erkennt die Übertragungstechnik des Süddeutschen Rundfunks am Ende ihr Fahrzeug wieder.

Zeitweise geht es auch bei mir zügig voran, aber kaum ist eine Viertelstunde aufgeholt, kommen schon wieder zwei satte Achtminüter. Es ist zum Verzweifeln. Die einzige Möglichkeit der Zeitersparnis (außer wenig reden): bei den aktuellen Songs, die eh immer wieder mal laufen, einfach eine Strophe früher raus. Fällt noch nicht mal groß auf. Aber was bringt's im Endeffekt? Um 14 Uhr ist keine einzige Minute gewonnen. Wenigstens machen zwei gute Nachrichten die Runde: in der kommenden Nacht soll es nur ganz wenig Long-Songs und viele schöne kurze Stücke geben. Und die Kollegen vom Sport haben signalisiert, daß wir am Samstag zur Not auch bis 15.30 Uhr überziehen dürfen. Aber wir sollen das noch nicht einkalkulieren in unser Zeitraster. Dies ist ohnehin von vornherein mit einer Stunde *Toleranz* ausgerechnet worden — noch die halbe Stunde zusätzlich, dann sind wir doch genau in der Zeit — so gesehen. Ein Protestanruf folgt auf dem Fuße: wir hätten doch eine Doublette übersehen. *Death of a clown*, einmal von den Kinks, einmal von Dave Davis. Oder ist das gar keine richtige Doublette? Wir hatten den Song mit Absicht in zwei Versionen in den Charts gelassen, um diese dann offensiv zu verkaufen durch gezieltes Kaffeesatzlesen. Die Nummer gibt es in der Tat mit diesen unterschiedlichen Interpreten-Nennungen auf dem Cover. Einmal stehen die Kinks drauf, auf einer anderen Platte Dave Davis. Na also — auch wenn's verdächtig ähnlich klingt, wir lassen's so gelten.

Ich mache die Erfahrung, daß die Tagschicht, selbst nach ausgedehnter Nachtruhe, viel härter als die Nachtsendung ist. Mit zunehmendem Rummel, den die Hitparade verursacht, entsteht das schizophrene Gefühl, daß die tolle, kraftspendende Anteilnahme gleichzeitig nervtötend sein kann. Besucher geben sich die Klinke in die Hand, meinen es alle lieb und nett, aber ich kann mich doch nicht mit allen unterhalten. Hörer rufen pausenlos an, bitten um verschiedene Durchsagen, Kollegen schauen vorbei, und wieder einmal kündigt sich die Presse an. Nebenbei wird der Stapel Telefaxe immer größer und muß zunächst ungelesen — wie die etlichen Care-Pakete ungeöffnet — bleiben.

Eine Stunde sitzt der Vertreter einer örtlichen Zeitung im Studio, die Sendung muß jetzt nebenbei laufen. Die Art und Weise seiner Fragen läßt darauf schließen, daß er krampfhaft nach einem Sinn in dieser Veranstaltung sucht. Sein Artikel bestätigt meine Vermutung. Das krasse Gegenteil die Boulevardpresse, die uns am liebsten mit leichtgeschürzten Mädels ablichten würde. Als Betroffener lernt man, seinen eigenen Berufsstand plötzlich aus einem ganz anderen Blickwinkel zu betrachten. Aber keine Zeit für Nachdenklichkeiten, the show must go on. Die Konzentration läßt allmählich nach. Immer häufiger ertappe ich mich dabei, den Klängen einer Platte zu lauschen und darüber das Auflegen der nächsten zu vergessen. Oder ich stelle die falsche Geschwindigkeit ein. Ausgerechnet bei Foreigners *Waiting for a girl like you* muß mir das passieren.

Christian Pitschmann ist inzwischen wieder in Richtung Stuttgart unterwegs. Wir spielen ein bißchen Mafia. Statt eines Dauerhörertests per Telefon besucht Christian unser Architekturbüro-Team in Rudersberg; unangemeldet und persönlich: sie sind noch wach, aber hocken in abgedunkelten Räumlichkeiten. Sicher nicht nur wegen der Hitze, durch die der arme Pitschi jetzt schon den ganzen Tag hetzt. Ob der hohen Temperaturen prägt er den denkwürdigen Satz: «Uns steht das Wasser in der Unterhose.» Doch die Hitze schreckt auch die anderen Autofahrer nicht ab. Überall, wo der gelbe Ü-Wagen auftaucht, entsteht in Minutenschnelle ein gepflegtes Verkehrschaos. Auf unserem Monitor, der sonst die aktuellen Staumeldungen anzeigt, erscheint eine ungewöhnliche Mitteilung. «Lieber Thomas, bitte brecht die Top Tausend X sofort ab…» Absender: Hermann Orgeldinger, verzweifelter Chef der SDR-Verkehrsredaktion. Daß die Sendung tatsächlich für einen Moment auf der Kippe steht, bekomme ich gar nicht so richtig mit.

Con-Fusion (1222)

Ursprünglich hatte ich vorgehabt, nach dem vorläufigen Dienstende um acht Uhr ein Stündchen Tennis zu spielen, um richtig müde zu werden. Diesen Gedanken muß ich mir leider abschminken, weil schon eine relativ langsame Gangart momentan von mir nur humpelnd vollzogen werden kann. Da ich beim Tennisspielen sowieso immer mangelnde Technik durch ein großes Laufpensum wettmachen muß, wird dieser Programmpunkt heute morgen also ersatzlos gestrichen.

Immerhin erwartet mich ein langer freier Tag. Eine Stunde gönne ich mir, um in Ruhe zu frühstücken, mit frischen Brötchen und verschiedenen Zeitungen. Eine weitere Stunde lang ist es mir leider nicht vergönnt einzuschlafen. Dafür schwillt mein Bein weiter an. Ich verordne mir bis 14 Uhr Bettruhe. Die anschließende Dusche erfrischt, und die noch verbleibende Zeit will ich zu einem Besuch in der Redaktion und bei unserem Betriebsarzt Doktor Walker nutzen. Der Dottore selbst ist aushäusig und so lege ich mein Bein der Krankenschwester

Staatsministerium Baden-Württemberg
Stabsstelle Presse und Öffentlickeitsarbeit

Top 1000 x
Herrn Thomas Schmidt
Herrn Stefan Siller

Samstag, 19. August 1989

TOP 1000 x - ein Superknüller
dank Thomas Schmidt und Stefan Siller!

In großer Begeisterung:

Die Pressetruppe von Lothar Späth

Stefan Barg - Alice Loyson-Siemering - Hartmut Reichl -
Petra Häußer - Mechthild Mehrer - Günter Kunz

vor. Mein linker Unterschenkel ist geschwollen, gerötet und erhitzt und sieht aus wie von einer Tarantel oder ähnlichem gestochen. Frau Bosch ist relativ ratlos, kann jedoch die Insektentheorie mangels sichtbaren Einstichs ausschließen. So bin ich nach diesem Arztbesuch zwar nicht viel schlauer als vorher, aber immerhin versorgt mit einer Binde ums Bein und Creme zum Einschmieren.

Besuch von sozusagen allerhöchster Stelle hat sich angekündigt, und ich bin gerade rechtzeitig zurück, um das Empfangskomitee zu spielen. Alice Loyson-Simmering und Stefan Barg von der Pressestelle des Staatsministeriums bringen zwei Körbchen mit frischem Gemüse, Obst und gesunden Säften. Sie haben selbst auf dem Markt eingekauft, und zwar im Auftrag des Ministerpräsidenten Lothar Späth persönlich. Klar, daß wir die beiden auf Sendung nehmen und ein kurzes Interview machen: «Was verschafft uns die Ehre?» Stefan Barg erläutert: «Der Ministerpräsident wollte morgens Nachrichten im Radio hören, stieß auf SDR 3 — zwangsläufig — und bekam auf diese Weise auch die Top Tausend X mit. Er befand die Idee für gut und lustig und hieß uns etwas vorbereiten, damit Sie durchhalten.» In Anbetracht der Späthschen Fusionsidee, SWF und SDR zusammenzulegen, müssen wir die geschenkte Knolle als Wink mit dem Zaunpfahl empfinden: «Knoblauch läßt einen bekanntlich alt werden, und zwar über das Ende dieser Weltrekord-Hitparade hinaus. Wir fassen den Knoblauch des Ministerpräsidenten als Überlebensgarantie für SDR 3 auf.» Die Pressesprecher versprechen, es auszurichten, und sie werden, passend zu so viel Gesundheit, mit dem *Altbierlied* der Toten Hosen verabschiedet.

Uns wird auch fürderhin nicht langweilig. Die Kollegen geben sich die Klinke in die Hand. So erscheint Werner Köhler und plündert unsere Süßigkeiten. Zu allem Überfluß wird er auch noch mit einem Titel seiner geliebten Beatles belohnt: *Norwegian Wood.*

Die nächste politische Unterstützung — diesmal explizit gegen die Fusion — kommt kurz nach halb sechs von der SPD in Form eines telegefaxten Reims. Wir bringen das Gedicht zur Verlesung.

An diesem Abend ist, wenn schon nicht für Thomas Schmidt, so doch für mich und viele andere, die Fußball-Bundesliga das Zweitwichtigste nach und während unserer Top Tausend X.

SPD FRAKTION HEUTE

Aktueller Pressedienst

1500 + x

Eine gereimte Sympathieerklärung

Die Chefs der Sozis lassen grüßen
den Siller und den Thomas Schmidt,
sie halten Euch für Radio-Riesen
und zittern solidarisch mit.

Die Daumen Uli Maurer drückt:
"Wenn Ihr es schafft, werd' ich verrückt!"
"Und ich gesteh': am liebsten hör i
den Südfunk Drei", sagt Dieter Spöri.

Ein Wort an Späth: Laß doch in Frieden
den S - D - R im wilden Süden,
wir geben ihm den ersten Preis –
die Zwangsfusion ist nichts als ... Mist.

Sozialdemokratische Fraktion im Landtag von Baden-Württemberg, Haus der Abgeordneten, 7000 Stuttgart 1, Tel.: 20 63-7 20, Fax: 20 63-7 10
verantwortlich: Dr. Eberhard Schwarz

Thomas also kann in Ruhe sein Päuschen machen und ich unterrichte die Hörer nicht nur über die Plazierungen unserer Hitparade, sondern auch über die Bundesligatore, welche speziell in Karlsruhe zahlreich fallen. Als KSC-Fan freut es mich, daß die Blau-Weißen den Bayern Paroli bieten können und nach gutem Spiel ein 3:3 erkämpfen. Mit einem Ohr immer bei spannenden Fußballspielen, mit dem anderen bei unserer guten Musik: mehrere Rolling Stones-Titel, dazu Genesis und Joe Jackson und Blood Sweat & Tears und Led Zeppelin und Janis Joplin und die Toy Dolls, dabei den Mund voll durch überreichte Riesenpizzas und köstliche Nudeln. Die Zeit an diesem Abend vergeht zügig.

Inzwischen haben wir auch die Telefonzentrale und unsere Technik im Studio durch zusätzliches Personal entlastet. Schon um 22 Uhr, also gleich nachdem die Bundesligaspiele beendet und unsere zahlreichen köstlichen Gaben aufgefuttert sind, erscheint der Kollege Schmidt wieder zum Dienst. Thomas, der auch nur eine Stunde schlafen konnte, liegt bislang für die Nacht noch kein vollständiges Musikprogramm vor. Wir stehen zum ersten Mal vor der Situation, daß wir eine Platte nicht haben. Unser wirklich gut sortiertes Schallarchiv weist sie nicht aus, Nachfragen bei Plattenläden, Kollegen, Plattenfirmen bringen keinen Aufschluß. Keiner kennt die Gruppe Teenage Brain Surgeon mit dem Titel *Fatal day*. Also müssen wir unsere Hörer einschalten. Schließlich haben zahlreiche von ihnen diesen Titel gewählt und zwar immerhin noch auf dem Platz 734. Tatsächlich melden sich Leute, die im Besitz dieses raren Werkes sind. Es handelt sich um eine lokale Gruppe, die im Eigenvertrieb 500 Singles unter die Leute gebracht hat. Da haben also Fans, womöglich in konzertierter Aktion, aber doch relativ geschickt, dieses Stückchen in unsere Weltrekord-Hitparade gewählt. Aber bitte: die Punkte sind gesammelt und wir bereit, den Titel zu spielen. Bis zur Stunde haben wir die Platte allerdings noch nicht.

Kurz vor 23 Uhr sind wir dann sicher, auch in dieser Nacht ein vollständiges Programm anbieten zu können. Die gefragte Platte *Fatal day* bringt uns Christoph mit seinem Freund vorbei. Kurz nach 23 Uhr bekomme ich noch die Grüße der Stadtkapelle Hamma Matsu (oder so ähnlich) mit, von Japanern, die zur Zeit auf dem Gelände des Süddeutschen Rundfunks beschäftigt sind. «Ist das mit einer Einladung nach Fernost verbunden?» Selbstverständlich sind wir jederzeit bereit, eine Weltrekord-Hitparade auch in Übersee zu wiederholen.

Mit einem Schluck Bier verabschiede ich mich hier für die Nacht, in der ich tatsächlich ein paar Stündchen schlafe, wenn es auch ein Weilchen dauert, bis ich dazu komme. Denn inzwischen lagern unsere Fans auch auf der Wiese vor dem Funkhaus und halten mit einem großen Top Tausend X-Transparent Nachtwache. Aus ihren Radios dröhnt unsere Hitparade. Nicht mal im Bett also bleibe ich vom Kollegen Schmidt verschont. Irgendwann bekomme ich nichts mehr mit, und im Gegensatz zu vielen Hörern, die möglichst wenig verpassen wollen, bin ich froh drum.

Moon over Bourbon Street (258)

Bei Rückkehr ins Studio muß ich feststellen, daß während meiner Abwesenheit unter anderem eine schmackhafte Lasagne vorbeigebracht und von Stefan und den anderen bereits verputzt wurde — und ich hatte im Vertrauen darauf, daß schon irgendwelche Leckereien da sein werden, nichts Richtiges gegessen. Die Strafe für eine kleine Sünde: ich habe die paarstündige Pause frech zu Hause auf dem Balkon verbracht. Na ja, ich kann zur Not in sechs Minuten im Funkhaus sein. Irgendwelche Beschwerden? Na also. Hunger leiden muß ich trotzdem nicht. Ein Wirtsehepaar bringt nach Kneipenschluß nächtens um halb zwei einen ganzen Sack frischer Maultaschen vorbei. Harald Schäuffelen übernimmt bereitwillig die Zubereitung mit heißer Brühe, bedauert jedoch, im Moment «keine gekörnte Brühe» zur Hand zu haben. Es schmeckt trotzdem tierisch.

Derart gestärkt, gelüstet es mich mal wieder nach einem Dauerhörertest. Und es passiert mir zum ersten Mal, daß ich tatsächlich jemanden aus dem Schlaf reiße. Ausgerechnet bei dem Team, das sich zuerst und schriftlich bei uns gemeldet hatte und uns auf die Idee mit dem Dauerhörer-Wettbewerb brachte. Ist das Spiel jetzt für sie gelaufen? Aber nein — sie haben nur eine zu kurze Telefonstrippe. Der Apparat steht in dem Stockwerk, wo gepennt wird, die diensthabenden Programmbeobachter sitzen oben und hören womöglich das Klingeln nicht. Nach einer halben Minute quälender Stille habe ich den richtigen Gesprächspartner, der die Titel korrekt mitgeschrieben hat.

Gerade noch mal gut gegangen. Aber hinterher bekomme ich richtige Gewissensbisse, einen armen Menschen aus dem Schlaf gerissen zu haben. Bei denen werde ich nachts lieber nicht mehr anrufen. Man muß es ja nicht übertreiben. Meine Nacht soll aber auch nicht ruhig bleiben. Siedend heiß fällt mir ein, daß Hagen und sein Fernsehteam heute nacht um drei Uhr kommen wollen. Oder war das morgen nacht? Was haben wir überhaupt für einen Tag?

Und dann steht Hagen auch schon in der Tür. Er ist richtig enttäuscht. Ich sähe ja immer noch ganz gut aus. Er wolle jedenfalls bis acht Uhr bleiben. Mit Schrecken denke ich an das gleißende Scheinwerferlicht. Das ist etwas, was ich nachts überhaupt nicht brauchen kann. Wo ich sowieso am liebsten im Studio bei schummriger Bar-Beleuchtung sitze. Doch Hagen verspricht mir, mit dem Licht zu geizen. «Es soll ja auch die Nacht-Atmo rüberkommen.» Und dann macht er mir wieder Mut: «Wir halten jetzt die Kamera auf dich und warten, bis du einschläfst. Anderthalb Stunden gebe ich dir noch.» Und, verflixt, ich werde tatsächlich immer müder. Aber Hagen wird es auch. Man dreht ein paar geistreiche Moderationen, filmt meinen Maultaschen-Verzehr, und es ist noch keine fünf Uhr, als Hagen es vorzieht, doch wieder ins Bett zu gehen.

Doch bevor er geht, zieht er noch einen kleinen Kassetten-Recorder aus der Tasche und spielt mir ein optimistisches Lied vor: «Und immer wieder geht die Sonne auf…, denn Dunkelheit, die gibt es nicht, die gibt es nicht.» Dabei haben wir diese Nacht Mondfinsternis. Die Nachrichten malen das schöne Bild von der *kupferroten Verfärbung* des Erdtrabanten, die jetzt sichtbar sei. Nur wo? Über Stuttgart hängt eine dichte Wolkendecke. Sollte es irgendeinen Flecken im Wilden Süden geben, wo dieses Phänomen sichtbar ist? Es gibt einen, wie eine kleine Telefonaktion um kurz nach fünf zeigt. Eine Hörerin aus Künzelsau reportiert für alle anderen ihre freie Sicht zum Mond. Ihr Fazit: Nicht so interessant wie die Top Tausend X.

Doctor doctor (1038)

Das morgendliche Begrüßungsritual über den Sender funktioniert schon fast wie bei einem alten Ehepaar: «Guten Morgen, lieber… Schön, daß Du wieder da bist — wie war's…»

Es tut beiden gut; der eine braucht die Aufmunterung, weil er relativ fertig ist; der andere kommt wieder locker ins Geschäft.

«Es ist 7.51 Uhr!» verkündet Thomas im Brustton der Überzeugung und ist damit der Zeit genau eine Stunde voraus. Aber was sind schon Stunden oder gar Minuten. Wir wissen ja kaum noch, welcher Tag gerade ist.

Besuch in Studio 12. Live-Interview in *Radio Stuttgart*.

«Erste Frage: Wie geht's?»

«Danke, und selbst?»

Ich darf erzählen von unserem Erfolg und bedauern, daß wir den Kollegen die letzten Hörer weggenommen haben. Man bekommt Routine im Interviewgeben. Die Kollegin vom *Radiomarkt* des 1. Programms macht es umgekehrt. Sie lädt sich bei uns ein, um uns gesunde Tips und Geschenke zu überbringen. Eine Rasiercreme für Stefan — ohne Treibgas. Biologische Tröpfchen für Thomas.

Nach interessierter Durchsicht der örtlichen Tageszeitungen zelebrieren wir unsere Presseschau: «Die von der Zeitung nehmen wohl inzwischen jeden. Die drucken sogar ein Foto von uns beiden ab.» In den *Nachrichten* schmeichelt Joe Bauer unseren Top Tausend X. «Die schwäbische Bevölkerung nimmt Anteil wie zuletzt bei der Mondlandung der Amerikaner.» Welch ein Vergleich! Aber hat er nicht recht?

Kurz nach halb acht verkündet Doktor Schmidt — überfordert vom altertümlichen Meßgerät — unsere Blutdruckstände. «Der Blutdruck bei Schmidt: 180:140, gestiegen mächtig. Der Blutdruck bei Siller: 110:90, :80, :60, :40, hallo, Herr Siller, hallo! Herr Siller?» Seine letzte gelungene Amtshandlung vor längerer Tagruhe.

Neil Armstrong mag mit seinem kleinen Hopser einen großen Schritt für die Menschheit getan haben, aber wir haben einen Riesensatz in Richtung unserer Hörer gemacht und werden dafür sicher reicher beschenkt als er. Allein an diesem Morgen darf ich zwei T-Shirts auspacken, ein Buch, jede Menge Eilpost, bekomme einen Feuerlöscher geschenkt für den Fall, daß unsere Plattenspieler heißlaufen, einen frischen Obstsalat und jede Menge aufmunternde Post: «Ihr macht nicht nur einen Weltrekord, sondern auch eine einzigartige Kulturdokumentation: die Musik der Generation von 1940 bis 1980.» Einzigartig, aber nicht fehlerfrei: *A question of lust* von Depeche Mode spielen wir bereits zum zweitenmal. Nur hätte es damals *A question*

Nachdem «Stairway to Heaven» zur Nationalhymne für den
Wilden Süden avanciert ist, werden wir bei unserem Kultusmi-
nister Mayer-Vorfelder eine Petition einreichen, daß diese
Hymne vor Unterrichtsbeginn ab dem 5ten Schuljahr gesungen
werden muß.
(Fam. Hens, Owen/Teck)

Frau weg. Job los. Radio geht ... .
(Telegramm von Bernd aus Mannheim)

Wir sind stolz auf Euch!
(Die Brieftaubenzüchter Baden-Württemberg)

Herzlichen Glückwunsch zur gelungenen Hitparade übermitteln wir vom Dauerdienst des Landeskriminalamtes Stuttgart.
(Polizeiführer vom Dienst, Bollmann)

Erstmals in der Geschichte des Rundfunks ist es Ihnen gelungen, mich fünf Tage lang dem Südfunk 2 abspenstig zu machen
und meine durchschnittliche Radiohörerzeit um 1000 % zu
steigern.
(Clemens aus Stuttgart)

3.045.618 Mitglieder in 10.179 Sportvereinen, 3 Landessport-
bühnen und 81 Sportfachverbänden möchten Ihnen zum gran-
diosen Hitparaden-Weltrekord aufs herzlichste gratulieren.
(Landessportbund Baden-Württemberg)

Eure Top Tausend X ist das Beste seit Woodstock!
(Sigi und Co. aus Creglingen)

Was Ihr macht, ist nicht nur ein Weltrekord, sondern auch:
eine einzigartige Kulturdokumentation der Musik der Generati-
onen von 1940 – 1980. Wißt Ihr das!
(Thomas aus Tübingen)

Wenn ich 100.000 Dollar zahle, habe ich dann eine Chance,
den legendären Studiostuhl (befreit von Essensresten und Exkre-
menten der Moderatoren) zu ersteigern; stimmt es, daß die Kö-
nigin von England Euch zum Ritter schlagen will?
(Horst aus Crailsheim-Rossfeld)

*Meine Frau möchte unbedingt ein Baby, aber man kommt ja
zu nix — scheiß Top 1000 X!*
(Harald aus Rutesheim)

*Eure Auswertungstabelle sollte man bei allen Musikredakteu-
ren und Plattenfirmen Deutschlands über die Betten hängen...
die Welt will mehr!*
(Camouflage)

*Wir wünschen Euch einen kühlen Kopf für die letzten heißen
Stunden!*
(1. Orchester des Handharmonika-Clubs Ditzingen)

*Was sind schon Michael Jackson auf dem Hockenheimring
oder Raissa beim Gugelhupfessen gegen die Gewissheit, vom
14.8. — 19.8. dabei gewesen zu sein?*
(?)

*Seit letzter Woche wird bei uns nur noch zu SDR 3 gekocht,
geschraubt (Autos) und gezeichnet (Bau) und natürlich krank
gemacht.*
(?)

*Ich habe mich letzte Woche extra mit dem 30-Tonnen-
Hängerzug zum Ulmer Bahnhof durchgekämpft — und wo war
der Pitschmann? Natürlich schon weg. Übrigens habe ich am
Autoradio nach den Top Tausend X den SDR 3 nochmal genau
eingestellt und dann den Sendersuchknopf weggeschmissen.
Brauch ich nicht mehr.*
(Karl aus Oberhausen)

*Selbst einen fast eingefleischten Klassikhörer zieht Ihr zurück
auf Euren Kanal. Frechheit.*
(s.)

*Auch Bayern hat mitgehört, wie sich's gehört. Ihr seid unsere
Oase in der tristen Rundfunklandschaft Bayern.*
(Hubert aus Aimeling)

of time sein sollen. Zahlreiche Hörer sind aufmerksamer als wir, monieren unser Versehen, das wir nach Kontrolle unseres Musikredakteurs Jogi Rathfelder natürlich zugeben, verbunden mit dem Versprechen, den nicht gespielten Titel (wie manch andere, die durch Geisterfahrer oder Sprünge in der Rille gelitten haben) in späteren Sendungen nachzuholen.

Die Begeisterung der Hörer wird sogar zur Bedrohung ihres kommenden Nachwuchses. Linda faxt uns: «Ich werde mein Baby Top Tausend X nennen.» Herzlichen Glückwunsch.

Dann darf ich wieder auspacken. Leider bleibt mir nicht genügend Zeit, mich mit den wohlmeinenden Gaben zu beschäftigen, weder mit dem Spiel noch mit dem Ernährungsbuch und erst recht nicht mit den Gummis.

Für Betriebspsychologen muß unsere Aktion jede Menge Anschauungsunterricht liefern. Obwohl zahlreiche Beschäftigte übermüdet und mit dicken Ringen unter den Augen zur Arbeit erscheinen, darf in den meisten Betrieben das Radio weiterlaufen. Bei seiner Rundfahrt mit dem kleinen Ü-Wagen trifft Christian nur auf verständnisvolle Chefs, die von einem glänzenden Betriebsklima sprechen. Teilweise wird einer zum Mitschneiden und Aufschreiben abgestellt, während die anderen für ihn mitschaffen.

Was die Psyche angeht, ist so ein Moderationsmarathon bei aller Anstrengung für uns natürlich auch eine gute Gelegenheit, uns auszutoben, wir können korrekt sein, überkandidelt, ruhig, ausflippen und beinahe einschlafen. Alles ist erklärlich, alles wird akzeptiert. Kurz nach 16 Uhr kann ich mich quietschend zu Wort melden, denn wir haben Gummipüppchen geschenkt bekommen; eines hört laut Schild auf «Herr Schmidt», eines auf «Herr Siller».

Für viele Hörer ist geradezu eine neue Zeitrechnung angebrochen. Das spiegelt sich nicht nur in der Erinnerung wieder (20 Jahre nach Woodstock), auch der Gregorianische Kalender wird einfach außer Kraft gesetzt. So ist ein Telefax datiert auf «Nummer 559 der Neuzeit», ein anderes wurde geschrieben «am 4. Tag der Neuzeit».

Um 16.30 Uhr kommt Ute mit dem Aktuellen vom Tage. Mit dieser Regelung, auch in unserer Hitparade das Neueste aus aller Welt unterzubringen, sind wir ganz zufrieden, und Glück haben wir obendrein. Große Sensationen passieren in der Welt in diesen Tagen offenbar nicht (die größte sind wir) und erfreu-

licherweise auch keine größeren Katastrophen, die wir natürlich ansonsten in unserem Programm berücksichtigt hätten.

17 Uhr, Zeit der Ablösung. Der Tag geht, Schmidt kommt.
Gerade noch rechtzeitig, damit ich mich beim Doc sehen lassen
kann. Da der Schmerz in meiner linken Wade inzwischen
etwas nachgelassen hat, ist meine Zuversicht gestiegen, aber
leider die Schwellung auch, und der gute Herr Walker stellt mir
die allerunangenehmsten Prognosen in Aussicht. Wenn ich
nicht sowieso gelegen hätte, wäre ich direkt vom Stuhl gefallen. «Verdacht auf Thrombose, Herr Siller. So kann ich Sie nicht
weggehen lassen.»

Na Mahlzeit, was heißt hier nicht weggehen lassen? Ich habe
jetzt gerade noch 5 Stunden Pause und muß noch bis Samstag
nachmittag durchhalten. Zwar gehen die strengen Mahnungen
(«...wenn die Vene in Mitleidenschaft... auf Oberschenkel über-
greifen... bleibende Schäden... sehr gefährlich») zum einen Ohr
rein und auch gleich zum anderen wieder raus. Aber unser Betriebsarzt ist sehr besorgt um meine Gesundheit. Er nimmt mich
sofort mit ins nahegelegene Karl-Olga-Krankenhaus. Wir
werden sogar direkt an der Pforte vom Röntgenologen empfangen. Ich führe das natürlich sofort auf meine kurzfristige Berühmtheit zurück, aber vermutlich haben alle schon Feierabend
und wollen früh nach Hause. Außerdem sind wir telefonisch
angemeldet.

«Jetzt baden Sie mal Ihr Bein, damit die Venen sich weiten.»
Heiß, aber das geht noch.

«Dann legen Sie sich hier hin und halten sich gut fest!» Sehr
vernünftig, denn sogleich werde ich gekippt.

«Jetzt piekt es ein bißchen.» Wohl wahr. Mir wird eine Kon-
trastflüssigkeit eingespritzt.

Ich werde weiter gekippt, die Beine liegen höher als der
Kopf. Ich überlege, ob mir erst schlecht werden oder ob ich
mir erst ausdenken soll, wie ich mich wehren könnte, wenn sie
mich hierbehalten wollen — völlig undenkbar. Die Kollegen
sind nicht nur sehr nett, sie arbeiten auch schnell; und vor allen
Dingen kommen sie zu einem erfreulichen Ergebnis: eine nur
oberflächliche Venenentzündung: vorsichtig sein, immer wik-
keln, möglichst Bein hochlegen — aber ich kann wieder
gehen.

Tief durchatmen. Jetzt kann eigentlich nichts mehr schief-
gehen.

Blackout (833)

Donnerstag abend. Heute auf dem Speiseplan: eine traumhafte Paella, die uns ein spanisches Ehepaar zubereitet hat. Diesmal muß Siller in die Röhre gucken. Die Parolen an den Studiowänden sind mehr geworden und haben sowas von *VEB SDR 3*: «Unser Ziel: der Weltrekord» heißt es da auf einem. Heute abend werden wir ihn uns holen. Irgendwann zwischen 23 Uhr und Mitternacht. Dann läuft der 1002. Titel. Schwarz auf weiß habe ich es schon jetzt, daß wir es schaffen werden. Die Agenturen melden den neuen Weltrekord mit *Sperrfrist 24 Uhr*. Man darf in diesem Gewerbe wirklich nicht abergläubisch sein. Und allwissend auch nicht. Siller hatte mir keinen Ton wegen seiner Venen-Geschichte gesagt. Und so hatte ich in diesem Moment nicht die geringste Ahnung, daß er drüben im Karl-Olga-Hospital weilt. Vielleicht auch besser so, ich hätte ja den Herzkasper bekommen. Nicht auszumalen, wenn sie ihn nicht mehr hätten gehen lassen. In unserer grenzenlosen Zuversicht haben wir es nicht für nötig gehalten, eine Art Alarmplan zu entwickeln für den Fall, daß einer der beiden Moderatoren ausfällt. Getreu dem Motto, daß nicht sein kann, was nicht sein darf.

Ausfallen, das gestehen wir allenfalls einem Hörer zu. Kurz nach 20 Uhr meldet er sich telefonisch. Sein Name ist nicht mehr verständlich. Gebrochen stammelt er: «Ich bin jetzt von Anfang an dabei, hab nicht geschlafen, aber… ich melde mich ab. Ich kann nicht mehr. Es ist wirklich toll, aber ich muß jetzt schlafen. Morgen bin ich wieder dabei.» Derweil arbeitet unsere Musikredaktion non-stop auf Hochtouren. Wagenweise werden die Top Tausend-Platten aus dem Archiv gekramt und angekarrt. Yogi ist an diesem Abend kurz vor dem Nervenzusammenbruch. Und nicht nur er. Auf höchster Ebene wurde beschlossen, das Finale der Top Tausend X live aus dem Park der Villa Berg zu senden. In 48 Stunden wird eine gigantische Fete aus dem Boden gestampft, das ganze Haus zieht mit. Man rechnet schon mit tausend bis zweitausend Leuten, die da kommen werden. Der Sport ist inzwischen bereit, uns bis 16 Uhr senden zu lassen — aber das ist definitive Deadline. Der Begriff *definitiv* läßt mich skeptisch werden. Dafür ist der ARD-Nachtrock in Gefahr. Strenge gemeinsame Richtlinien verpflichten uns, die angeschlossenen Sender zu informieren, daß wir die Top Tausend X durchziehen werden. Wenn bis Freitag mittag zwölf Uhr auch nur ein Sender Einspruch erhebt, muß SDR 3 parallel zur Hitparade einen *normalen* Nachtrock senden und die Top Tausend X würde jenseits der Grenzen des Wilden Südens ungehört bleiben. Aber jetzt haben wir erst einmal besseres zu tun, als uns zu ärgern. Jetzt werden wir erstmal Weltrekordler, und dann sehen wir weiter.

25 or 6 to 4 (500)

Die Weltrekordnacht steht bevor. Diesen Moment haben wir selbstverständlich beide erlebt, aber eine kurze Schilderung sei mir gestattet. Schließlich beinhaltet sie meinen nächsten Schock, und zwar einen, den ich länger in Erinnerung behalten werde als irgendwelche gesundheitlichen Probleme.

Natürlich ist Hagen wieder da, zusammen mit seinem Fernsehteam, aber das sind längst nicht alle. Schätzungsweise 30 Leute stehen im Studio, auf dem Flur und in der Regie herum (fast so aufgeregt wie wir), um den entscheidenden Augenblick mitzuerleben, der uns zu Weltrekordlern macht.

Der 1002te Titel, den wir spielen, ist der Entscheidende. Aber da geht's schon los. Welcher ist das eigentlich? Wir haben bei 1501 angefangen, also ist es Nummer 499 — denken wir zunächst. Scharfes Nachrechnen bringt uns zu der Überzeugung, daß es schon der Titel 500 ist. Da keiner der zahlreich Anwesenden stichhaltige Gegenargumente hat, bleiben wir dabei. Chicago — *25 or 6 to 4*. Eigentlich ganz einfach. Nicht so an diesem Donnerstag abend, 20 Minuten vor Mitternacht.

Die Gegebenheiten sind nun mal so, daß Thomas näher am entscheidenden Regler sitzt, also die Platte abfahren wird. Unvorsichtigerweise bitte ich deshalb, die Platte ansagen zu dürfen. «Ton ab, Kamera läuft!» Originalton Siller: «24 or 6 to 4». Kaum ausgesprochen, läuft die Platte ab und mir ein siedend heißer Schauer über den Rücken. Schamvoll wende ich mich ab. Nächster Originalton Siller: «Mist! Falsch angesagt!» Kamera und Fernsehen laufen noch. Der historische Versprecher und meine Reaktion bleiben der Nachwelt erhalten. Für Spott und Hohn ist über Jahrzehnte gesorgt. Erstaunlicherweise werden später nur zwei Hörer diesen Lapsus in ihren Briefen erwähnen (beide übrigens ausgesprochen freundlich). Einer von ihnen wird es auf den Punkt bringen. Schon in der Anrede: «Hallo Thomas, hallo Chicago…»

So viel Glück, wie uns in dieser Nacht gewünscht wird, können wir zwei beide in unserem Leben gar nicht haben. Dann sind wir auch noch in den Nachrichten. Man kann zwar heutzutage nicht mehr davon ausgehen, daß das etwas Besonderes ist. Denn wer wird da nicht alles genannt? Auf der anderen Seite kann man natürlich nicht leugnen, daß es einen schon ein klein bißchen stolz macht.

Auf diese Weise vergeht jedenfalls auch diese lange Nacht, zügig und ohne den befürchteten Tiefpunkt.

Gekrönt wird der Morgen durch Michaela. Anruf von der Pforte: «Frühstück ist gekommen, und eine junge Dame möchte Sie sprechen.» Eines der wilden Weiber hat sich zu erkennen gegeben.

The only way is up (1417)

Verdammter Mist, verpennt. Es ist Freitag morgen, kurz vor sieben. Hastig mache ich mich aus dem Bett rüber ins Studio. Was mußte ich auch bis kurz vor drei den Weltrekord feiern. Jetzt, wo der härteste Teil der Veranstaltung überhaupt bevorsteht. Bis zum Ende morgen nachmittag maximal noch vier bis fünf Stunden Pause. Eigentlich dachte ich, das Ende vor Augen würde Ansporn liefern. Doch ich fühle mich wie ein Häuflein Elend. Stefan ist gar nicht mal böse, daß ich so spät komme. Er hat die Nacht gut verkraftet. Ich muß mich erstmal sammeln. Nach einer Stunde geht's wieder. Erneut sind es die Hörer, die Kraft spenden. Wenn uns mal nichts mehr einfällt, dann ihnen. Da erreicht uns ein Schreiben der *Schwäbisch-musikalischen Heilanstalt*, daß bei ihnen soeben mit dem Notarztwagen ein Herr Walter Schwab eingeliefert worden sei. Sein Leiden: der unerfüllte Musikwunsch *Ich hab noch Sand in den Schuhen* von Bata Illic. Die Anstalt erwägt, uns die Behandlungskosten in Rechnung zu stellen, und vermerkt schließlich, daß Herr Schwab das Haus wieder verlassen habe, um alles weitere mit uns telefonisch direkt zu klären. Walter Schwab ist zur Kultfigur geworden in dieser Woche. Heute morgen nervt er mich zweimal. Einmal telefonisch, einmal drängelt er ins Studio. Zur nor-

P.S. und Grüße an alle tahrer von föll (über den Äther)

tel: 0.7141/484047
7141 möglingen
Kruppstr. 11

F3II Spedition
Zum Thema 1000-X Hitparade :
'NEULICH IM FUNKHAUS SAMSTAG UM 15.00 h'

RUHE
WIR SIND
AUF SENDUNG

Der Siller wird immer stiller, und auch der Schmidt kommt nicht mehr mit malen Sendezeit von *Leute* soll ich ihn als Prominenten vernehmen. Prominent ist gar nicht mal übertrieben, wie sich am nächsten Nachmittag noch zeigen wird.

Je länger die Hitparade läuft, desto enger rückt der Wilde Süden zusammen. Selbst die Konkurrenz drückt uns die Daumen, trägt es mit Fassung, daß ihnen scharenweise (so vorhanden) die Hörer weggelaufen sind. Sie bringen Schampus vorbei, sorgen sich um unsere Gesundheit, weil sie uns auch «in Zukunft noch hören möchten». Kein Sterbenswörtchen dagegen aus Baden-Baden. Und das kann ich verstehen, rufen doch immer wieder Hörer dort an, um zu erfahren, wo diese tolle Hitparade läuft. Eine Industrievertretung aus Fellbach teilt mit, daß sie soeben in ihren Außendienstfahrzeugen «im Rahmen einer kleinen Feierstunde» sämtliche Frequenzen von SWF 3 gelöscht hat. Wir sollen mit der Wilhelma verhandeln, damit der Schwarzwaldelch dortselbst ein Gnadenbrot bekäme. Die Oberforstdirektion Stuttgart fürchtet eine Zunahme des Waldsterbens infolge des Abhörens lauter Radiomusik durch die Förster bei der Arbeit. Und die ARD ist vernünftig: kein Einspruch gegen die Top Tausend X heute nacht im bundesweiten Nachtrock.

Kreativität kommt auch aus unseren Chefetagen. Lutz Franke, seines Zeichens SDR-Sendeleiter, überreicht uns den *Silbernen Bobby am Bande.* Für Nicht-Funkis: Bobby wird der silberne Metallkern genannt, auf dem die Tonbänder aufgewikkelt werden. Das ist seine offizielle Funkion. Die inoffizielle ist fast noch wichtiger — mit einem Bobby lassen sich genausogut Flaschen öffnen, auch wird er gerne als Aschenbecher benutzt. Auch Hermann Fünfgeld, zu diesem Zeitpunkt noch Verwaltungsdirektor, ist daran gelegen, uns liquide zu halten. Er überbringt uns deshalb einen symbolischen Scheck — in Form einer Kiste Sekt. Stefan und ich beschließen daraufhin, Fünfgelds Kandidatur für das Amt des SDR-Intendanten zu unterstützen. Das Ergebnis ist ja inzwischen bekannt.

Die Ereignisse überschlagen sich, ich tue es auch. Rückstand am Freitag nachmittag um 14 Uhr (schon wieder ein Rekord): satte zwei Stunden. In einem Anflug von Panik kündige ich an, künftig jede Platte nach spätestens vier Minuten auszublenden. Und ich mache es auch. Immerhin können wir einen Trost verbreiten — in einer Krisensitzung wurde beschlossen, alle nicht ausgespielten Long Songs künftig Dienstag abends im Schlaf-

DANKURKUNDE

IM NAMEN DER
BUNDESREPUBLIK DEUTSCHLAND
SPRECHE ICH

den Herren

Stefan Siller (lks.) und

Thomas Schmidt (re.)

DANK UND ANERKENNUNG FÜR DIE

in der deutschen **Rundfunkgeschichte**

GELEISTETEN TREUEN DIENSTE AUS

Sie haben sich durch Ihren Weltrekordversuch

TOP 1000x

ein Platz in unser aller Herzen gespielt in
diesem unseren Lande.

der Bundeskanzler

rock in voller Pracht zu senden. Proteste hagelt es trotzdem. Neueste Berechnungen ergeben zudem, daß wir auch die Deadline 16 Uhr nicht halten können, wenn wir wirklich alles bis zur Nummer eins spielen wollen. Hartmut Volz tritt seinen Gang nach Canossa — sprich zur Sportredaktion — an, und siehe da, sie nehmen's gelassen hin. Wir dürfen bis 16.30 Uhr senden, die Nachrichten und die Werbung des Nachmittags werden verschoben. So etwas hat es in der Geschichte des Süddeutschen Rundfunks noch nicht gegeben.

One more night (502)

Für die vorletzte Spätschicht hatte ich arge Befürchtungen gehabt. Die ersten Nächte schafft man mit dem Anfangselan gut, kurz vor dem Finale ist man mit dem Ziel vor Augen auch wieder gut drauf, nur so nach zwei Dritteln hätte ja gut ein Hänger kommen können.

Auf die letzte Nacht hatten wir uns allerdings beide schon gefreut. Denn von Freitag auf Samstag würden wir uns (fast) der gesamten Nation als Weltmeister aus dem Wilden Süden vorstellen können, im ARD-Nachtrock. Und so komme ich um 17 Uhr allerbester Dinge zurück zu Thomas ins Studio, zumal ich vier Stunden richtig fest geschlafen habe.

Mein subjektiv empfundenes körperliches Wohlbefinden wird mir sogleich objektiv und schriftlich bestätigt. Die AOK hat uns ein neues, modernes Blutdruckmeßgerät vorbeigebracht, auf daß wir mit unseren Fantasiewerten aufhören können.

Arm reinlegen, Knöpfchen drücken, dann wird mächtig gepumpt, und das Gerät spuckt einen Zettel aus mit den aufgedruckten Blutdruckwerten. Ich habe — schwarz auf weiß — 135:74 bei 63 Puls. Thomas dagegen scheint nach dieser Tagschicht etwas überanstrengt: 156:63 bei 95 Puls. Klarer Fall: Schmidt muß ins Bett.

Auf diese Weise verpaßt er eine Entführung, an der wir maßgeblich beteiligt sind. Nach gutem altem Brauch wird uns die frischgebackene Braut Sonja von ihrem Bruder vorbeigebracht. An ihren neuen Namen, Höger, hat sie sich noch nicht so recht gewöhnt. Herr Höger hört auf den Vornamen Fritz: «Fritz — Deine Sonja ist bei uns im Funkhaus und möchte bei Gelegenheit abgeholt werden.» «Laß Dir Zeit», verkündet sie über den Sender, aber als er nach einer guten halben Stunde immer noch nicht da ist, wird Sonja doch langsam nervös. Von unserem inzwischen schon wieder zahlreich eingetroffenen Essen mag die Hochzeitsgesellschaft nicht kosten, obwohl ich mir nicht vorstellen kann, daß sie etwas Besseres geboten bekommt. Schließlich holt Fritz seine dann doch sichtlich erleichterte Braut wieder ab.

Sonja geht, dafür kommt der Programmdirektor höchstpersönlich kurz vorbei und schafft durch die Überreichung zweier nahrhafter Bananen allerbeste Voraussetzungen zum guten Gelingen dieses Abends.

Die allseits gute Stimmung wird nur ein wenig durch unseren immensen Zeitdruck getrübt. Wären die Kollegen vom Sport nicht so außerordentlich kooperativ, sähen wir ganz schön alt aus.

Um 22.40 Uhr verkünden wir dem Publikum erstmals, daß wir den zahlreichen Hörerfeten eine eigene hinzufügen wollen. Grande Finale ab 14 Uhr im Park der Villa Berg. Für $2^1/_2$ Stunden wollen wir geneigte Hörer auch Zuschauer sein lassen und unsere ausgemergelten Körper auf die Bühne schleppen.

Going up the country (1274)

Gleich sind wir *nation-wide*. Für vier Stunden. Ich bin mir nicht sicher, ob wir in dieser Nacht eine vernünftige Visitenkarte über die angeschlossenen Sender verbreiten. Wir sind beide total überdreht. Ich habe in meiner Abendpause kein Auge zugedrückt, es muß jetzt auch so gehen. 00.05 Uhr. Das ARD-Nachtrock-Jingle läuft, umständlich erklären wir der Nation, um was es überhaupt geht. Ob's einer kapiert hat? Wir finden keine rechten Worte zu den unfaßbaren Geschehnissen, der Euphorie der vergangenen fünf Tage. Stefan und ich versuchen, etwas seriöser als sonst zu sein, aber das wird schon alleine durch das Anrücken eines Trupps Kollegen verhindert, die gerade von einer Gartenfete zurückkommen. Der Strom an Nahrungsmitteln reißt auch nicht ab. Irgend jemand muß mitbekommen haben, daß unser Kollege Werner Köhler ständig unsere Gummibärchen wegfuttert. Jetzt werden die Vorräte so schnell nicht ausgehen: wir erhalten ein Riesentablett mit 1501 Gummi-

Auf daß es nie zur Fusion zwischen SDR und SWF kommen
möge!
(Sabine aus Bayreuth)

Norden, Westen, Osten,
nur im Süden tut´s nicht frosten!
Wollte einmal Radio testen,
hörte den Sender aus Süd-Westen,
doch das kein Vergnügen -
lieber Radio aus dem wilden Süden!
(Lilo und Ulli aus Wäschenbeuren)

Fusion und Kürzung ja nicht; Programmvielfalt der öffent-
lich-rechtlichen Anstalten muß erhalten bleiben! Es wäre in
jeder Hinsicht ein Rückschritt für die demokratische Meinungs-
bildung, einer großen Konzentration nachzugeben.
(Friedhelm aus Großerlach)

Mein Wunsch: Der SDR und besonders SDR 3 mögen noch
ewig bestehen. Und keine Fusion mit dem Südwestfunk!
(Karin)

Wir haben im Rahmen einer würdigen Feierstunde bei unse-
ren Außendienstfahrzeugen die Frequenzen von SWF 3 ge-
löscht. Wir stellen Überlegungen an, ob im Rahmen eines Pensi-
onsfonds für die Baden-Badener Musikanten Vorsorge getroffen
werden soll. Bitte lassen Sie doch überprüfen, ob die Verwaltung
der Wilhelma eine Möglichkeit sieht, dem frustrierten Schwarz-
waldelch ein Gnadenbrot zu gewähren.
(Ignaz aus Fellbach)

Schämt Ihr Euch eigentlich gar nicht? Ihr ruiniert die deut-
sche Wirtschaft. Alle sitzen zu Hause und hören Eure bescheuer-
te Hitparade. Aber immerhin kann Lothar Späth jetzt nicht
mehr von Euch verlangen, daß Ihr mit SWF 3 fusioniert, denn
sonst ist das Ländle ja pleite. Jetzt muß er endlich einsehen, daß
es ohne Euch nicht geht.
(Matze und Käsi aus Bad Urach)

Der Elch ist tot.
(Thomas aus Rastatt)

Herzlichen Glückwunsch zum Weltrekord und zur genialsten
Idee seit der Erfindung des Wassers!
(Radio Filstalwelle Göppingen)

Gratulation, Jungs. Ihr habt gewonnen - vorerst!
(Radio BB, Sindelfingen)

Die ganz Kleinen beglückwünschen die ganz Großen.
(Studio live, Reutlingen, Kleinster Privatsender Deutsch-
lands)

Herzlichen Glückwunsch zum wirklich tollen Weltrekord!
(Bürgerradio Stuttgart)

Auch die Privat-"Konkurrenz" in Reutlingen hört Euch zu
und drückt fest die Daumen. Haltet durch!
(Stadtradio Schwabenland, Reutlingen)

Liebes Team der gigantomanischsten Sendung unseres Jahr-
hunderts. Diese Sendung ist das wohl genialste Rundfunkmara-
thon, das jemals über irgend einen Sender geschickt wurde.
(Radio Donau 1, Neu-Ulm)

Auch Eure Kollegen vom "Mitbewerber" hören Euch und wün-
schen Euch alles Gute. Ihr könnt von Glück sagen, daß a) unser
Briefkasten noch zu klein ist, um alle Post an uns zu nehmen,
b) unser Archiv noch nicht ganz so groß wie Eures ist. Also
denkt dran, nicht zuviel Koffein und Nikotin, wir wollen Euch
ja noch ein paar Jährchen hören.
(Stadradio, Rundschau-Studio Stuttgart)

Euch ist mit den Top 1000 X wohl der Höhepunkt des Jahres
und ein absoluter Glanzpunkt im Wilden Süden gelungen.
Damit wart Ihr den privaten Radiostationen ausnahmsweise
mal einen Schritt voraus. Hut ab, gratuliere!
(Manfred, Radio Fantasy, Augsburg)

schnullern belegt. Der elektronische Blutdruckmesser der AOK muß in dieser Nacht auch häufig als Geräuschkulisse herhalten, die ausgedruckten Werte werden immer katastrophaler. Unsere Moderation wahrscheinlich auch, und doch gewinnen wir immer noch Freunde. Aus Duisburg ruft jemand an, um sich den Weg zur Villa Berg beschreiben zu lassen, er will noch heute nacht nach Stuttgart kommen. Dann machen wir uns auch schon sofort wieder unbeliebt. Ein dummes Mißgeschick — anstatt *The end* von den Doors finden wir eine andere Platte in unserem Wagen vor. Ersatz läßt sich um diese Zeit nicht beschaffen. Der Titel fehlt. Daß wir nicht mehr ganz bei Sinnen sein können, zeigt unsere Ausrede. Wir erklären unseren Hörern allen Ernstes, daß wir *The end* wegen Überlänge mit Absicht nicht spielen. Die Protestanrufe reißen nicht ab, auch Yogi Rathfelder meldet sich. Er gibt uns den Tip, daß auch als Rückseite einer Single erschienen ist, die wir später im Programm haben müßten. Wir finden es. Und wir spielen es lieber, auch wenn es uns weiter in der Zeit zurückwirft.

Wir arbeiten inzwischen nach einem wahrhaft minutiösen Plan. Freitag nachmittag haben sich Tobias und Yogi hingesetzt und die Laufzeiten der verbleibenden Musiktitel addiert und von Samstag 16.30 Uhr an zurückgerechnet. So entstand ein neues, den Realitäten angepaßtes Raster, das uns zeigte, zu welcher Stunde wir bei welchem Titel angelangt sein müssen. Am frühen Samstagmorgen haben wir es endlich geschafft, wieder in der Zeit zu sein. Die Hitparade ins Lot gebracht, sind nun allerdings die Moderatoren von der Rolle. Gegen drei Uhr morgens spiele ich immer intensiver mit dem Gedanken, mich ins Bett zu verziehen. Aber Siller ist nach neun Stunden Sendung in der gleichen Gefühlslage. Dennoch leistet er dem inzwischen auch eingetroffenen Yogi keinerlei Gehorsam, als dieser ihn auffordert, sich noch ein paar Stunden hinzulegen. Die toten Punkte kommen in immer kürzeren Abständen, um halb fünf glaube ich, es geht jetzt nicht mehr. Doch bevor ich dazu komme, mich abzumelden, ist Stefan schon aufgestanden, weil er's gerade auch «nicht mehr packt». Dienstplanmäßig steht ihm die Pause zu, also füge ich mich ins Unvermeidliche.

Unser Studiobesuch verflüchtigt sich auch allmählich, die Anrufe werden äußerst spärlich — eine lähmende Ruhe umgibt mich, ich kann mich kaum richtig auf dem Stuhl halten, geschweige denn klare Gedanken entwickeln. Und nun ist dieser

Morgen auch noch gespickt mit Interview-Terminen. Um 6.15 Uhr will sich das Morgenmagazin von WDR 2 kurz aufschalten, eine Stunde später NDR 2 und später am Vormittag die Europawelle Saar. Mechanisch lege ich die Platten auf, ausgerechnet jetzt eine Runde mit ätzend ruhigen Stücken. Sandra, die bis jetzt noch allerlei tröstende Worte fand, sie kann sich selber nicht mehr auf den Beinen halten. Sie geht, und in der Technik hat auch schon wieder ein Schichtwechsel stattgefunden. So genau kriege ich das alles nicht mehr mit.

Das also ist der Zustand, den sie Apathie nennen. Er wird vom WDR jäh beendet. Den Kollegen in Köln scheint nicht klar zu sein, daß ich gerade selber auf Sendung bin. Und anstatt, wie es eigentlich abgesprochen war, sich in selbige einzublenden und abzuwarten, bis ich die laufende Platte abgesagt habe, platzen sie mitten ins Musikstück mit ihrem Interview, das für unsere Hörer deshalb etwas unvermittelt daherkommt. Jetzt bin ich aber wieder wach.

Eine Vertreterin der *wilden Weiber aus dem Wilden Süden* hat sich inzwischen auch schon wieder mit einer Tüte Brötchen ins Funkhaus gequält, so langsam erwachen der Tag und auch Herr Siller. Um sieben steht er schon wieder auf der Matte. Ich fühle mich inzwischen wieder kräftig genug, ohne Schlafpause vollends durchzuhalten. Zehn Minuten später liege ich entkräftet im Bett.

Bis zum bitteren Ende (765)

Ich komme zwar kurz zuvor *aus* dem Bett, aber vermutlich ähnlich kraftlos und nur unter allergrößten Schwierigkeiten. Dafür werde ich um 7 Uhr würdig begrüßt:

My generation!

Was für eine Hymne. Was für ein Empfang, als ich um 7 Uhr wieder zu Thomas ins Studio komme. The Who mit der Aufbruchstimmung der 60er Jahre. Was hatte man damals alles im Kopf; und was ist aus dieser Generation geworden. Auf jeden Fall mehr, als ich im Moment darstelle... Ich fühle mich gerädert, als wäre ich am Abend vorher voll gewesen wie eine Haubitze. Der Kopf ist matschig. Die Augenlider kleben aufeinander wie die Zähne. Es ist ausgesprochen fahrlässig, jemanden in diesem Zustand vor ein Mikrophon zu lassen.

Passend zu meiner Verfassung verkündet Thomas stolz: «Ich darf Dir mitteilen, daß uns schon wieder diverse Krankenkassen gratuliert haben!» Die werden sich wundern, welche Kosten wir ihnen noch verursachen werden.

Zu spät (Die Ärzte) — wohl wahr. *Empty rooms* (Gary Moore) — dazu fällt mir nur mein Bett ein, das ist jetzt leider auch leer. *Beds are burning* (Midnight Oil) — auch das noch. Dabei würde ich jetzt so gerne schlafen. Schmidt verkündet: «Kollege Siller ist knüttig!» Das Wort höre ich heute zum erstenmal. Aber Thomas hat recht.

Eisern ziehen wir dennoch unsere Verpflichtungen durch, auch wenn inzwischen sogar das Wählen schwerfällt. Anruf bei Dauerhörers in Esslingen. Die letzten drei Titel haben sie noch drauf, Konditionsmängel werden jedoch auch hörbar:

«Ihr sollt schneller machen. Wir haben kein Auge zugetan... Ihr seid ja wahnsinnig!»

Das mag wohl sein, aber da müssen wir jetzt durch — alle.

Wie sehr uns das Blut drückt, lassen wir uns kurz nach halb acht ausdrucken:

«Der Blutdruck bei Schmidt: 140:66, gefallen 3:12, bei Puls 94, der Blutdruck bei Siller: 170:63, gestiegen 32, gefallen 12, bei Puls 58.»

Dr. Schmidts Werte hinterlassen bei mir ein Gefühl zwischen Ohnmacht und Lachkrampf. Die Folge: für die historische Nummer 100 (Deep Purples *April*) ziehe ich gleich mal den falschen Regler auf: Loch!

Den zum Überleben nötigen Adrenalinstoß kriegen wir beide dann kurz nach acht: Wir sind nicht nur in den Nachrichten, nein: wir sind sogar vor Boris Becker in den Nachrichten (obwohl Boris gewonnen hat). Thomas muß ins Bett; ich zwar auch, aber Thomas geht wirklich.

Wenn man allein moderiert, hat man wenigstens keine Zeit, über sein Elend nachzudenken.

Yogi hat oft fast so eine kurze Nacht wie wir. Pünktlich um neun ist er wieder zur Stelle, um letzte Vorbereitungen für das Finale zu treffen; zum Beispiel, um die Top 25, die wir im Park spielen wollen, auf Band umzuschneiden. Seine Anwesenheit nutze ich schamlos aus, um ihn für eine Telefonaktion anzustellen. Wir lassen zehn Hörer den Spitzenreiter unserer Weltrekord-Hitparade tippen. (Daß tatsächlich zwei Anrufer richtig liegen, wird natürlich noch nicht verraten.)

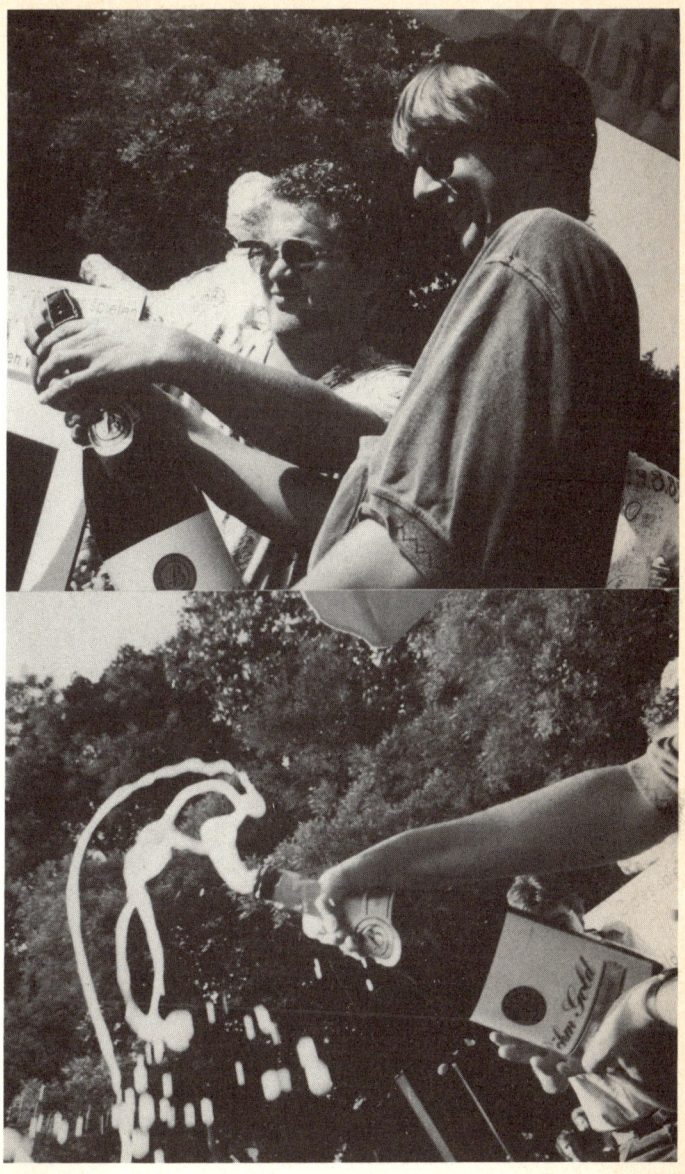

Harald ist auch schon wieder da. Harald ist ja nicht nur unsere Nachtschicht in der Technik, sondern auch unser Experte für Musikboxen. In dieser Funktion legt er letzte Hand an unseren Hauptgewinn, die Rock-o-la, die an diesem Vormittag noch verlost und bei unserer Abschlußfete der Öffentlichkeit präsentiert werden soll.

«Hallo, Stefan Siller!»

Das Interesse zumindest einiger ARD-Anstalten ist groß. Zwar klappt die Leitung, die der NDR für diesen Morgen bestellt hatte, aus irgendeinem Grunde nicht, aber kurz nach zehn meldet sich eine bekannte Stimme aus Saarbrücken, eine Stimme, die manch einer noch aus dem *Beatclub* und den Nachfolgesendungen kennt: Manfred Sexauers Gespräch mit mir läuft parallel im Saarländischen Rundfunk und bei uns.

Kurz darauf, wir sind gerade bei Platz 68, *With or without you* legt Babs Hand an mich, nur zu meinem Besten, versteht sich. Babs haben unsere *phantastischen* Blutdruckwerte aufgeschreckt. Sie ist als ausgebildete Krankenschwester aus Markgröningen angereist, um höchstpersönlich nach dem Rechten zu sehen: «140:90» — damit kann man leben. Daß dieser Wert höher ist als vor zwei Stunden, führt sie schlagfertig auf ihre Anwesenheit zurück.

Höher als normal ist auch die Geschwindigkeit, mit der die Scorpions anschließend singen. Der Blutdruck sagt eben noch nichts über die Konzentrationsfähigkeit aus. Ich habe eine LP mit Singlegeschwindigkeit abgefahren.

Inzwischen ist allerdings nicht nur ein Stadium erreicht, in dem solche Fehler leichter passieren, sondern auch eines, in dem man Pannen nicht mehr für so wichtig hält. Nicht daß es einem egal wäre, aber man steht drüber…

«Wo bin ich eigentlich?!» Die Schmidtschen Begrüßungsworte lassen erahnen, daß auch seine Bettruhe entschieden zu kurz war. Aber in meinem desolaten Zustand des körperlichen und geistigen Ruins freut mich allein schon seine Anwesenheit. Anerkennenswert ist schon die Tatsache, daß er bereits um 11 Uhr den Weg ins Studio gefunden hat, denn es hat einige Anstrengung gekostet, ihn auf diesen Weg zu bringen. Da sich unsere Stimmungslage gefährlich dem Gefrierpunkt nähert, müssen wir dringend etwas unternehmen. Überspielen läßt sich unser Tiefpunkt nicht mehr, also ziehen wir uns an unserer schlechten Laune hoch, lassen Luft ab und die Sau raus:

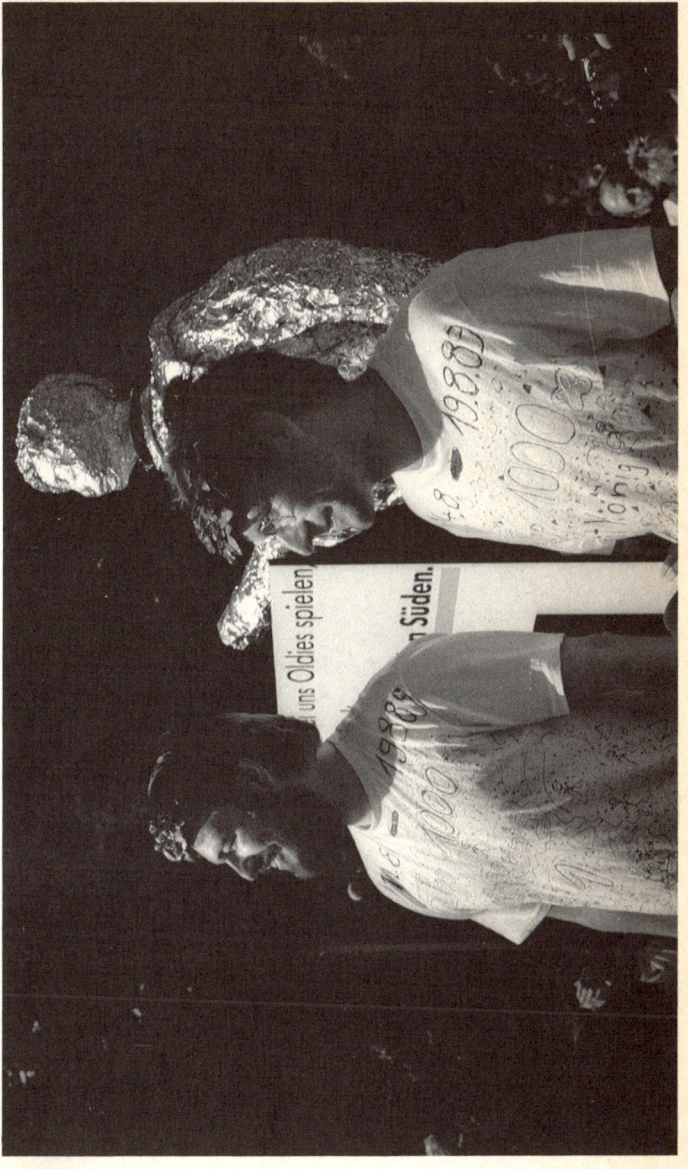

«Ich will nicht mehr — Scheißhitparade!»

«Du bist ja bescheuert!»

«Ich will nach Hause!»

Wir machen uns aber nicht nur gegenseitig nieder; jeder, der in unsere Nähe kommt, muß dran glauben. Harald zum Beispiel, der der Ansicht ist, den Namen unserer Hauptgewinnerin besser entziffern zu können.

«Harald kann besser lesen, nur weil er ein Jahr länger zur Schule gegangen ist.»

«Ja, Harald ist acht Jahre zur Schule gegangen!»

Oder Yogi, der meint, die von uns aufgeworfene Frage: «Wer war eigentlich Hans Grischkat?» beantworten zu müssen.

«Muß Yogi sich unbedingt in den Vordergrund spielen, nur weil er mal erster im Chor war und weiß, daß Hans Grischkat Konzertmeister war?»

Anpflaumen tut einfach gut; wehren können die anderen sich sowieso nicht, wir sitzen am Regler und haben den Mikrophonvorteil.

Yogi weiß also, wer der Straße den Namen gegeben hat, in der unsere Hauptgewinnerin wohnt, und Harald hat ihren Namen richtig entziffert. Wir haben Utes Karte unter den 15000 rechtzeitig eingegangenen Einsendungen gezogen, und damit gewinnt Ute unsere Musikbox. Es tut uns in der Seele weh, daß dieses Schmuckstück unser Studio verlassen soll: «Ute, laß uns die Box da! Komm in den Park der Villa Berg und laß Dir von uns für diese noble Geste gratulieren!»

Südfunk Aktuell gibt mir (oder sich?) die Ehre, die Top Tausend X zu feiern und (natürlich) medienkritisch zu hinterfragen. Auf diese Weise kommt auch das Erste Programm in den Genuß exquisiter Musik. Ich darf mir einen Titel wünschen: *Hey Joe!*

Die geniale Gitarre und die unverwechselbare Stimme von Jimi Hendrix im Ohr, verlasse ich Studio 10 und werde mit genau den gleichen Klängen im Sendestudio wieder empfangen:

Hey Joe!, plaziert auf Rang 46.

Aber wofür macht man sich eigentlich die Mühe. Wer hört schon noch ein anderes Programm als SDR 3!

«Hallo, Jungs, macht nochmal einen Aufruf. Hier oben ist noch keiner.» Friedemann Leinert meldet sich aus dem Park der Villa Berg.

Den Teufel werden wir tun. Die Leute sollen schön zu Hause bleiben, mitschneiden und uns in Ruhe lassen.

Draußen soll es ausgesprochen heiß sein. Bei höchstpersönlicher Überprüfung finde ich dieses Gerücht leider voll bestätigt. Uns wird sofort der Schlag treffen, wenn wir in dieser Verfassung unser wohlklimatisiertes Studio verlassen und uns der prallen Mittagsglut aussetzen.

Während für uns der Zeiger unaufhaltsam auf richtig *bitteres Ende* rückt, ist der Kollege Werner Köhler allerbester Dinge und reduziert unseren Bestand von ursprünglich 1501 Gummilutschern weiter erheblich. Unser selbst provozierter Lagerkoller kippt bisweilen in Albernheiten.

Platz 35. *Wonderful world*.

«Wußtest Du, daß Louis Armstrong gebürtiger Baden-Badener war?» Die Sticheleien in Richtung Provinz-Konkurrenz nimmt vermutlich kaum jemand wahr — wir können uns ausschütten vor Lachen.

Wir kungeln aus, daß ich als erster raus in die Hitze soll. Thomas bleibt nur ein knappes Viertelstündchen, um noch fünf Titel durchzupeitschen — und mir lange 15 Minuten, um mich zur Bühne in den Park zu schleichen.

Im Vorhof des Funkhauses steht die Luft, ich laufe wie vor eine heiße Wand. Unser Programm dröhnt mir schon entgegen. Ich kann mich hintenherum zur Bühne schleichen. Der Anblick ist gigantisch. Da lagern Tausende auf dem Rasen, schunkeln, singen, tanzen friedlich zur Musik. Tausende sind gekommen, obwohl sie keine Bands geboten bekommen, keine Weltstars; nur weil sie dabei sein wollen bei diesem Gemeinschaftserlebnis, bei diesem Weltrekord, der auch ihr eigener ist.

Ich muß auf die Bühne, und es wäre unehrlich, nicht zuzugeben, daß der Jubel der Leute Hitze und Streß vergessen macht. Zweieinhalb Stunden noch mit 25 Stücken feinster Musik; kein Flop ist dabei.

Stairway to heaven (1)

Wir starten unsere Fete mit der höchsten BAP-Plazierung: *Verdammt lang her*. Thomas kämpft sich inzwischen durch die Menge. Zu zweit ist es einfacher. Aber die Ansagen sind sowieso die leichteste Übung.

Die meiste Zeit über läuft Musik. Was macht unsereins währenddessen? Immer verstecken geht nicht, also vor, mitklatschen, mitschwofen, Autogramme geben.

Die Geschenke nehmen auch hier kein Ende. Wir bekommen einen *Oscar* verliehen, vermutlich den größten, den es je gab, dem Ereignis angemessen: mannshoch. Unsere Kolleginnen und Kollegen von der Technik kleiden uns schon für unser dringendstes Bedürfnis ein: Zipfelmütze, Schlafrock, Pantoffeln.

Viele eher langsame Stücke sind in den Top Twenty, aber alle vom Feinsten. Ich gebe zu, bei einem Tip hätte ich nur wenige Treffer gelandet. Die 60er und 70er Jahre haben sich deutlich durchgesetzt. Die Superstars von heute sind abgeschlagen: Michael Jackson mit seinem besten Titel *Thriller* nur auf 31, Madonna (*Like a prayer*) nicht höher als 13; ein einziger aktueller Hit unter den Top Ten: *The look* von Roxette.

«Und der Äther lebt doch — SDR 3 forever.» Leute, Ihr habt recht — tolle Transparente habt Ihr mitgebracht.

Thomas ruft die *Autonome Republik Wilder Süden* aus.

Wir erleben alles nur noch wie im Traum.

Auf Platz fünf unser aller Hymne: *We are the champions*.

Satisfaction — *der* Klassiker, mein heimlicher Favorit, viel umjubelt: Platz vier.

«Wann heiraten wir?» fragt Thomas. *Brothers in arms* (für mich eine Riesenüberraschung) auf Platz drei.

Über 10000 Leute sind da, sagt man uns.

Auf Platz zwei: *Wish you were here.*

Danke an alle, die hier sind, die uns gehört haben und noch hören, die mitgemacht, an alle, die dieses Riesending möglich gemacht haben. Unser Team stellt sich auf der Bühne vor: Yogi, unser unermüdlicher Musikredakteur, Sandra, Tobias, Christoph, Gerhard, Harald, Petra; nicht alle konnten kommen, aber Walter Schwob, begeistert gefeiert, ist da.

Christophs Super-Number-One-Jingle spannt alle noch zwei Minuten lang auf die Folter — dann ist es soweit: der passende, würdige Spitzenreiter der Top Tausend X, begleitet von einem Zeppelin am strahlenden Himmel, verbunden mit einem Schauer über (nicht nur) meinen Rücken: *Stairway to heaven!*

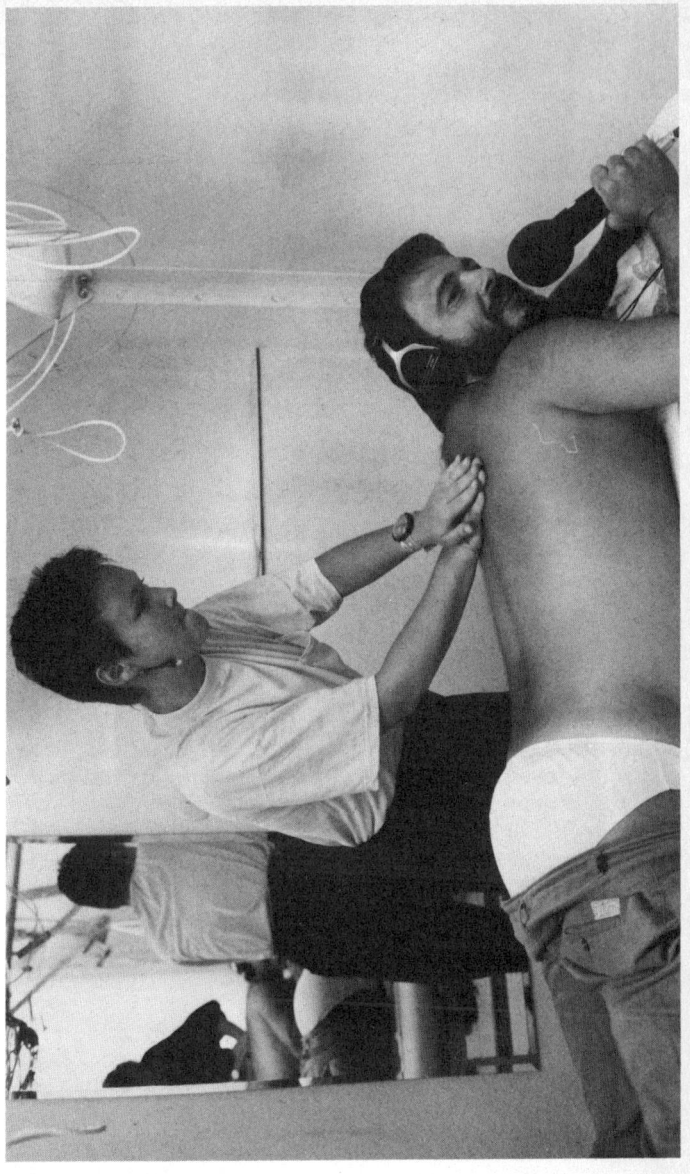

When the music is over (542)

«Congratulations» — nette Geste von Oliver, der im Funkhaus mit dem Sportmagazin übernimmt. Immerhin haben wir die *Nachspielzeit* eingehalten und pünktlich um halb fünf übergeben.

Das war's — $122^1/_2$ Stunden.

Es war toll, weil es nicht nur für uns toll war. Ich frage mich immer wieder, was das eigentlich soll. Wir haben 5 Tage lang Platten aufgelegt und angesagt. Aber: Radio hat wieder als Kommunikationsmittel funktioniert; Musik und eine gemeinsame Aktion als Lebensgefühl.

Ich bin noch wie aufgezogen, aber der Akku ist alle.

Autogramme geben, zwischendurch eine improvisierte Pressekonferenz.

«Was macht Ihr jetzt?»

«Erstmal saufen, dann schlafen.»

Irgendwann schleichen wir uns vom Gelände.

Zwei Pils auf der Hotelterrasse inmitten einer Hochzeitsgesellschaft.

Dann nach Hause, wo mich ein leckeres Mahl erwartet. Um acht lege ich mich mal kurz aufs Bett, in voller Montur. 14 Stunden später wache ich wieder auf. Wolfgang ruft an, er hat Dienst am Wochenende.

«Du, ich dachte mir, wir sollten in *Aktuell* vielleicht noch mal kurz — hast Du Lust — kurzes Live-Gespräch...?»

Warum nicht. Abschalten geht sowieso noch nicht; und bevor man unter Mikrophon-Entzugserscheinungen leidet...

Es ist wohl unvermeidlich: wen treffe ich im ansonsten sonntäglich leeren Funkhaus: einen gewissen Herrn Schmidt. Und Wolle, einen Kollegen der Technik, der ein Video von unserer Abschlußfete gedreht hat. Wird gleich angeguckt. Wir sind beeindruckt. Was machen wir jetzt, da wir gerade so gemütlich beisammen sind? Die Sonne scheint, und in Heslach ist Hocketse. Der Ruhm zahlt sich aus:

«Gib mal den beiden Weltredordlern ein Weizen aus!»

So ist es recht.

Nach dem zweiten Weizen und einer Bratwurst trennen wir uns, vorübergehend. Denn für den Abend sind Thomas und ich schon wieder verabredet.

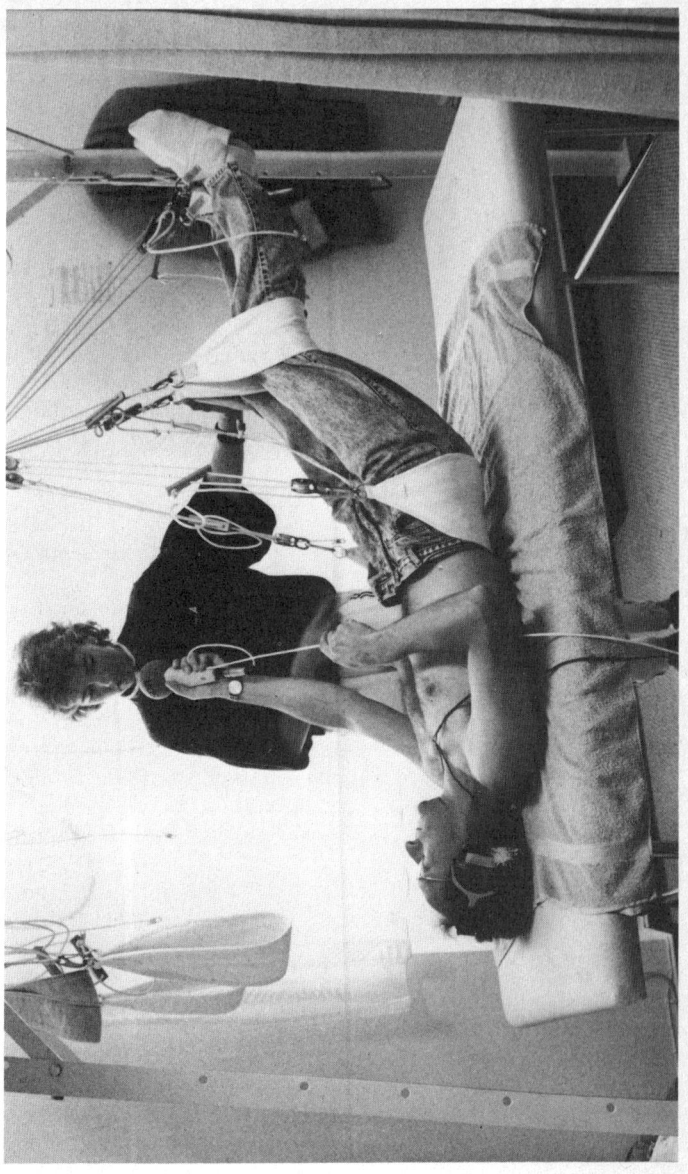

Eigentlich hatte es nur ein Scherz sein sollen, als Michael Schlicksupp vor zwei Tagen bei uns im Studio zu Besuch war.

«Wir stehen als Weltrekordler doch jetzt in einer Reihe mit Armin Hary und Ben Johnson. Da könntest Du uns eigentlich auch zu *Sport im Dritten* einladen...»

Er hat uns wirklich eingeladen; und er hat mit den Zuschauern einen netten Empfang vorbereitet. Für unseren Auftritt am Schluß der Sendung wird das Studio abgedunkelt, alle Zuschauer knipsen ihre Feuerzeuge an.

Ich glaube, es war ein lustiges Interview.

Weitere sollten folgen, und weitere Einladungen auch.

Die Kolleginnen aus der Redaktion haben uns zur Erholung für unsere müden Körper Besuche im Mineralbad mit Massagen und allem drum und dran geschenkt. Wir sind auf ein Wochenende in ein Schloß geladen, von privat, und einem Hotel zum Frühstück, zu einem Auto-Sicherheitstraining, zum Fallschirmspringen, zum Squash, zu Kaffee und Kuchen. Und sogar zu einem Kurzurlaub — dachten wir. Ein Reisebüro hatte gefaxt:

«Wenn Ihr Erholung nötig habt, meldet Euch!»

Feine Sache! Wir lassen uns Angebote kommen, wollen schon nach einem Termin suchen, da kommt die Ernüchterung:

«Unter folgenden Reisen könnt Ihr noch aussuchen. Angegebene Preise pro Person...» So ein Witzbold.

Die Geschenke nehmen trotzdem kein Ende. Wir bekommen Orden verliehen, werden durch weitere Schecks über je DM 15,01 immer reicher, können uns im Winter in neuseeländische Buschshirts hüllen und die Zeit von schmucken Uhren mit speziell eingravierter Widmung ablesen.

Vor allem der Strom an Hörerpost reißt nicht ab.

Wir versuchen, so viele Briefe wie möglich zu beantworten, nur eine Frage nicht:

«Wann kommen die Top 2000/5000/10000 X?»

Radio ga ga (510)

Unter den Tausenden von allesamt grundsätzlich positiven Zuschriften, die wir zu den Top Tausend X bekommen haben, sind auch zahlreiche Gedanken und Anregungen zu unserem Programm, zur Musik, natürlich aber auch zum Wort. So fragte eine Hörerin, bei allem Lob für die Hitparade, besorgt nach, ob

Das Feldbett steht bereit

Wer ist auf Platz 1?

Da hat sich der SDR was Schönes eingebrockt…

Übernachten auf dem Feldbett im Studio

Die „längste" Hitparade in SDR 3

SDR 3
NACHR. stündlich
4.05–4.05
Hörer-Hitparade:
SDR 3
Top Tausend X
Ein Weltrekord-Versuch mit Thomas Schmidt und Stefan Siller

Potz -Blitz, top-tau-
send-x-hochmal!

Fünf Tage Dauerklöten

Der Trip

MARATHON MÄNNER

Die irre Weltrekord-Hitparade beim SDR

SDR: 10 000 Hit-Fans feierten Weltrekord

Ab Montag läuft „Top Tausend"

SDR 3 auf Rekordjagd

Klein-Woodstock im Wilden Süden

SDR-Hitparade bricht alle Rekorde

Der Welt-ekord mit Hits wurde zum Hit im Radio

Zwei Moderatoren 122 Stunden im Einsatz

Die SDR-3-Moderatoren sind weiter auf Hitparaden-Rekordjagd

Siller und Schmidt haben es geschafft

SDR 3 hält Hit-Weltrekord

Beatles oder Led Zeppelin – eine Hitparade als Marathon

Kritisch zugehört

Die Weltmeister

Südfunk 3: 1501 Hits nonstop

SDR 3 brach Weltrekord

Essen und Muntermacher bringen Kollegen

„Es war der absolute Wahnsinn"

7141-Minuten-Marathon

Tausende jubeln Weltrekordlern zu

Weltrekord mit Hitparade

Weltrekord gebrochen

Klein-Woodstock im „wilden Süden"

Warten auf den nächsten Adrenalin-Stoß

Dieser Rekord ist ein Hit

SDR-3-Moderatoren präsentieren die längste Hitparade der Welt

Hitparaden-Marathon beendet

„Woodstock war nur das Vorprogramm" – Der Hitparaden-Marathon „Top Tausend X" endete am Samstag

Nach dem Rekord: „Erstmal feiern, dann ins Bett"

die Zukunft von SDR 3 nur noch aus Musik bestehen werde. Sie habe in der Zeitung gelesen, wir hätten auf diese Weise unsere zukünftige Sendestruktur erprobt. Wir haben die Hörerin sofort beruhigt. Es war und ist nicht unsere Absicht, Wortprogramme zu streichen und zu einer reinen belanglosen Dudelwelle zu verkommen.

Natürlich wandelt ein Pop- und Rockprogramm, eine Servicewelle wie es auch SDR 3 ist, immer auf einem sehr schmalen Grat. Natürlich wollen wir möglichst viele Hörer, davon leben wir schließlich. Natürlich wollen wir unterhaltsam sein. Aber wir wollen es nach Möglichkeit mit Niveau, und wir wollen auch informieren und Denkanstöße geben. Das gelingt klarerweise (selbst uns) nicht jeden Tag, nicht in jeder Sendung, nicht in jeder Moderation, nicht in jedem Beitrag. Wir brauchen bei dieser Arbeit und auf dem Wege, uns ständig zu verbessern, kritische Begleitung; Beobachter, die Details bemängeln und das Programm auch grundsätzlich in Frage stellen. Niemand aber darf von uns Unmögliches verlangen. Wir sind schließlich aus gutem Grund eines von vier Programmen, die der Süddeutsche Rundfunk anbietet. Wer täglich Wirtschaftsnachrichten hören will oder öfter mal einen volkstümlichen Schlager, wird im ersten Programm besser bedient. Die ausführlichen Berichte aus der Region sind im Vierten plaziert, und wir leisten uns das Kulturprogramm SDR 2, die mit Abstand teuerste Welle, die bewußt interessierte Minderheiten anspricht.

An den genannten, uns gesetzten Aufgaben und unseren eigenen Ansprüchen müssen wir uns allerdings immer wieder messen oder messen lassen.

Darf ich Sie mal was fragen, bitte: wie finden Sie den Drei-Minuten-Beitrag?

Klar, das ist eine Frage, die man so gar nicht beantworten kann, schließlich wissen Sie nicht, welchen Beitrag ich gemeint habe, um welches Thema es ging, wie er aufbereitet war. Und genau darauf kommt es an. Nicht jeder Kritiker will das zur Kenntnis nehmen. Verhackstückung der Wirklichkeit ist nicht nur SDR 3 vorgeworfen worden.

Wer zuhört, wer zuhören kann, der wird feststellen, daß sich in unserem Programm Meldungen finden lassen, die 20 Sekunden dauern, für andere nimmt sich der Moderator zwei Minuten Zeit. Beiträge sind mal 40 Sekunden kurz und mal 15 Minuten lang. Und zwar, weil das jeweilige Thema so wenig oder so

viel Zeit braucht, weil eben nicht alles in einen festen, vorge-
formten Rahmen gepreßt wird.

Wir versuchen, darauf Rücksicht zu nehmen, daß morgens
zwischen Zahncreme und Butter nebenher Radio gehört wird.
Daß komplizierte Analysen vielleicht eher zu einer anderen Ta-
geszeit mehr Interesse finden. Da versuchen wir morgens
lieber, das wichtigste aktuelle Ereignis knapp und präzise zu
formulieren. Wir wünschen uns und Ihnen, daß Sie wenigstens
schon mal geschmunzelt haben, bevor Sie im Stau standen.

Wir bemühen uns, auf schlimme Nachrichten angemessen in
Wort und Musik zu reagieren. Auch die SDR 3 Musikfarben
bieten dafür genügend Möglichkeiten. Oder wir versuchen,
Ihnen zwischen zehn und zwölf Uhr in *SDR 3 Leute* eine inter-
essante, spannende oder amüsante Persönlichkeit näherzubrin-
gen. Ob das Luigi Colani ist, Hans Dietrich Genscher, Inge
Meisel, Kurt Rebmann oder Jürgen Klinsmann. Welcher andere
Sender bringt eine solche Reihe zustande?

Die Top Tausend X waren also, was die Sendestruktur
angeht, kein Vorgriff auf die Zukunft. Was die Musikfarbe
angeht, wird die vielfältige Auswahl unserer Hörer sicherlich
Einfluß auf das Programm haben. Die Top Tausend X haben allerdings gezeigt, wie flexibel ein öffentlich-rechtlicher Sender
agieren kann. Sie haben eine ungeahnte Solidarität zwischen
Hörern und Machern mobilisiert.

Walk of life (126)

Der Wilde Süden ist kein augenzwinkernder Werbeslogan
mehr — es gibt ihn wirklich. Verkäuferinnen bedienten die
Kundschaft nicht mehr, Kellner nahmen keine Bestellungen an,
ganze Betriebe liefen — gegen den aussichtslosen Widerstand
mancher Chefs — nur noch mit Radios. Wer konnte, nahm
Urlaub, wer nicht, der feierte krank. Durchreisende Familien
hatten Mühe, ihre Kinder aus dem Sendegebiet zu locken, Frei-
bäder mußten Beschallungsanlagen aufbauen, Kids saßen in
den Straßenbahnen, die Walkmans auf dem Kopf und Notiz-
blöcke auf den Knien. Uns war gelungen, was selbst dem
Medium Fernsehen immer schwerer fällt — die Top Tausend X
wurde zum Straßenfeger. The spirit of radio, es gibt ihn also
doch noch. Wer Woody Allens *Radio Days* gesehen hat, weiß,

was ich damit meine. Ich muß ständig mit den Tränen kämpfen, habe Schwierigkeiten, das alles zu glauben.

Als alles vorbei ist, hat sich Stefans und meine Beredsamkeit der letzten Woche ziemlich ins Gegenteil verwandelt. Wir sitzen da, am Rande einer Hochzeitsgesellschaft auf der Terrasse des Park-Hotels und schütten uns Bier in den Kopf. Und wir hätten dort bestimmt noch lange gesessen, wenn die Plätze nicht für andere reserviert gewesen wären. So war es vielleicht auch besser, daß wir irgendwann aufbrechen mußten. Als wir uns verabschieden — Stefan mußte noch mal nach oben, um seine Klamotten zu holen — kommt mir wieder diese Geschichte in den Sinn — nein, nicht wie die Top Tausend X begann, sondern wie ich das erste Mal mit Siller zusammentraf. Das war vor etwas mehr als sechs Jahren. Ich stand morgens um sechs an der Pforte des Funkhauses, als stolzer Gewinner eines *Hobby-Moderatoren-Wettbewerbs*. Den hatte SDR 3, damals noch Radio 3, zu seinem dritten Geburtstag veranstaltet. Mein Gewinn: ein Besuch in der Frühsendung *Popcorner*. Der Moderator, der mich an der Pforte abholte, hieß Stefan Siller. Später in der Sendung wurde ich von ihm befragt, ob denn Moderator so etwas wie ein Traumberuf für mich sei. Was von mir eifrig bejaht wurde. Darauf Stefan: «Ja, dann können Sie gleich mal eine Kostprobe abliefern und einen Verkehrshinweis verlesen. Vielleicht wird ja daraus auch mal eine Meldung — und wer weiß, wo das dann noch alles endet.»

Und der Hörer lebt noch

Tagebuch einer Dauerhörerin
(Maritta Henrich-Krug)

Montag, 14.08.89

13.00 Uhr
Wir sitzen beim Mittagstisch. «Du, da kommt im SDR 3 die
größte Hitparade der Welt, 121 Stunden nonstop», sagt Jürgen,
mein Mann, und daß er das unbedingt mitkriegen will. — «121
Stunden mitkriegen», denke ich zunächst gar nicht so interessiert. Unten auf meinem Schreibtisch türmen sich Berge von
Arbeit: bezahlte Rechnungen ablegen, die wesentlich zahlrei-
cheren unbezahlten nach Dringlichkeit ordnen, Post durchse-
hen (zumeist ebenfalls Rechnungen), selbst Briefe schreiben
und vieles mehr...

14.00 Uhr
Jürgen geht mit einigen Kassetten auf Achse, genauer zum
Radiogerät. Tja — unser Radiogerät! Dies ist momentan ein
markenloser Radiorecorder — RR 4050 steht darauf. Unser Verstärker ging nämlich vor ein paar Tagen *über den Jordan* und
legte damit unsere gesamte Stereoanlage lahm. Also ab an das
Kofferradio. Ich gehe arbeitswütig (noch) zum Schreibtisch und
höre zunächst nur mit halbem Ohr zu, und zwar über den
Radiowecker aus dem vorigen Jahrzehnt, der neben meinem
Arbeitsplatz steht.
14.08 — Der Countdown beginnt! — Ich kann mich kaum
auf meine Aufgaben konzentrieren. 1501 Titel! (Und es wären
sogar noch mehr möglich gewesen...) Die Beasty Boys und
Fight for your right starten die größte Hitparade der Welt mit
Platz 1501.
Ich arbeite derweil noch fleißig und lasse mich von der
Musik im Hintergrund begleiten. Kurz vor 15.00 Uhr langt es
mir. Die Tipperei auf der uralten *Elektrischen* ist schon eine
Qual, das *a* und das *y* funktionieren überhaupt nicht mehr.
Also 'rauf zu Jürgen auf eine Zigarette und eine Tasse Kaffee.
Da höre ich plötzlich —

15.00 Uhr
aufmerksamer zu. Was der Thomas Schmidt und der Stefan
Siller da gestartet haben, imponiert mir schon mächtig. Die
bringen auch die Studioatmosphäre so gut 'rüber. Ich kriege
direkt eine Gänsehaut, weiß ich doch, wie es so im Studio
zugeht, vom Studio der Kreisvolkshochschule in Ludwigshafen.

Dort habe ich einmal gelernt, wie man eine Sendung fährt — auch live! Ich wäre jetzt gerne dabei, dort bei SDR 3 im Studio. Von Dauerhörern ist da die Rede, ein Team ist live am Telefon. Jürgen kriegt ganz große Hundeaugen und schielt mich liebevoll an — so treu hat er seit unserer Hochzeit nicht mehr geguckt. Was man dabei alles aufnehmen kann..., und dann wird noch die Telefonnummer durchgegeben, von einem Wettbewerb der Dauerhörer ist da die Rede. Ich hätte ja auch gerne einen Stall voll guter Kassetten...

Also gut. Ja. Jaha! Wir werden also diese Woche in Etappen schlafen und bleiben am Ball, ganauer am Radio. Wenn doch bloß der Sound besser wäre! Schweigend starren mich unsere HPM 700-Boxen der lahmgelegten Stereoanlage an — na, wenigstens ist unser *Supermodell* ein Stereogerät.

16.00 Uhr

Inzwischen liegen mehrere Kassetten vor dem Kasten — eine für Songs, die uns beiden gefallen, eine für Jürgens Lieder (Punk, Rock, Deutsch-Rock...) und noch eine für *meine* Musik (guter Rock aus den 70ern — und noch älter, Heavy Metal usw.). Und dann noch die Kassette mit jedem hundertsten Titel inklusiv Ansage, ab TOP HUNDERT dann jeder zehnte Song und natürlich ALLE TOP TEN. Das hört sich mittags um 16.00 Uhr am ersten Tag ganz gut an. Was die Woche dann bringen wird, wird sich zeigen. Vor allem muß einer ja 'mal weg, Kassetten kaufen. Uns traf es ziemlich unvorbereitet, also haben wir jede Menge Kassetten aus uralten Tagen hervorgekramt, sogar so alte, wo noch Peggy March *Carnaby Street* und Petula Clark *Melody Man* draufstehen... Ich wußte gar nicht, daß noch solche Kassetten meiner Kindheit im Keller existierten.

17.00 Uhr

Inzwischen habe ich mehrmals versucht, beim Sender anzurufen, um uns beim Dauerhörerspiel anzumelden. *Ich* kam natürlich nicht durch, Jürgen hat es dann auf Anhieb geschafft und hat Stefan Siller direkt am Apparat. Da ist die Rede von *Testanrufen* zu den brutalsten Zeiten und daß man die letzten drei Titel aufsagen muß... Okay, bitte schön! Wenn wir schon mitmachen, dann auch richtig. Wer weiß, vielleicht kann ich sogar ein paar Kilo abnehmen während dieser Woche, so am Bauch herum. Da mit Ausschlafen eh nicht so übermäßig viel drin sein wird, wenn aus einem Winkel der Wohnung ständig Musik ertönt. Hauptemährungsmittel wird wohl Kaffee sein, hin und wieder Rühreier und Berge von Zigaretten.

Jürgen holt seinen Fotoapparat und hantiert mit Objektiven. Na, man will die Sache doch auch im Bild festhalten, wenn man schon verrückt genug ist, sich 121 Stunden im Team von zwei Personen vor's Radio zu setzen.

18.00 Uhr

Jürgen hat sein eigenes System beim Aufnehmen und ist voll Feuereifer dabei. Diese Nacht, die erste, will er durchmachen. Kaffee und Zigaretten liegen en masse bereit. Auf Alkohol wollen wir verzichten, denn aus Erfahrung wissen wir, daß *Bier trinken* und *Durchhalten* zwei Paar Schuhe sind. Höchstens vielleicht so ein kleines Fläschchen aus'm Six-Pack, für den, der gerade mit Schlafen dran ist, als *Gute-Nacht-Trunk* sozusagen.

Das Telefon klingelt. Jürgen eilt zum Apparat. Es ist — Ja!! Tatsächlich! Es ist wirklich und wahrhaftig Stefan Siller! Ich höre es an Wörtern wie *super*, *toll* und *wahnsinnig*, die Jürgen von sich gibt. — Fünf Teams wurden ausgewählt, und wir sind also eines davon. Jetzt sind wir mehr oder weniger wirklich *live* dabei. — Habe ich mir das nicht vorhin gewünscht? Das ist Radio direkt. Wirklich super! Über den Äther werden gerade die Golden Earrings geschickt, 19 Minuten lang.

19.00 Uhr

Einfaches, schlichtes Untätigsein — 121 Stunden lang — ich glaube, das bring' ich nicht. Zu Musik möchte ich z.B. tanzen. Sechs Tage lang tanzen?

Eigentlich fühle ich mich nur mit dem Federhalter in der Hand so richtig wohl (und natürlich mit guter Musik). Zufällig liegt ein Block schönes buntes Altpapier vor mir auf dem Tisch, das mich richtiggehend zum Schreiben einlädt. Da habe ich eine Idee! — Warum nicht ein *Protokoll* führen? Ein Tagebuch über diese ganze Woche, aus der Sicht eines Dauerhörers. Dieses werden wir dann Stefan und Thomas zu ihrem Weltrekord überreichen. Schließlich sitzen wir sozusagen im gleichen Boot, wenn wir auch auf verschiedenen Flüssen segeln… Die beiden Moderatoren müssen den Marathon zu zweit durchstehen, und wir *müssen* (wollen) zu zweit *durchhören*. Natürlich ist Musik hören schon etwas leichter, als Musik moderieren…

Ob man uns wohl ausgewählt hat, weil wir ein Ehepaar sind? Zugegeben, ich kenne im ganzen Bekanntenkreis kein Ehepaar, das verrückt genug wäre, sich 121 Stunden Nonstop abwechselnd vor's Radio zu setzen. Wir gelten ohnehin als ausgeflippt im Bekanntenkreis.

Vielleicht sind wir aber auch bei den fünf Teams, weil wir die einzigen waren, die das nur zu zweit durchmachen wollten. — Egal, Hauptsache wir sind dabei. Als ich mit dem Protokoll beginne, fangen schwierige Rekonstruktionen an. Was man doch in fünf Stunden alles vergißt. Hat jetzt der Stefan zwischen 16 und 17 Uhr angerufen, oder war es zwischen 17 und 18 Uhr? Und wann haben *wir* uns beim Sender gemeldet? Man soll es nicht glauben, wie schwierig solche Fragen fünf Stunden später sind, vor allem wenn man von Wahnsinns-Musik abgelenkt ist.

Dienstag, 15.08.89

11.00 Uhr

Wieder zurück ertönen Ike und Tina Turner, Platz 1243 mit *Do I love you* — mein Lieblingslied von den beiden. Was haben die doch für Werke geschrieben! Und was hätten beide noch für Gigantisches auf die Beine stellen können, wäre Ike nicht so ein Schweinehund gewesen…

Ich bin direkt wieder topfit. — Die Stones durften immer noch nicht. David Bowie auch nicht. Für mich als eingefleischten Stones-Fan ist das schwer zu glauben. Jetzt sind es bei Chris Normans *Midnight lady* schon 262 gespielte Titel, ohne Mick, ohne David. Fans wie ich, wo seid Ihr? (Sicher auf den gaaanz vorderen Plätzen…?)

Um von den Top Tausend X während der Zeit des Einkaufens berichten zu können, muß ich auf Jürgens äußerst spärliche Notizen zurückgreifen. Schreiben ist nicht seine Sache. Ein *Dauerhörer-Test* war, in Esslingen um 9.20 Uhr. Und Jürgens Lieblingslied wurde gespielt: *Mein kleiner grüner Kaktus…* (Er steht ansonsten so auf die Sex Pistols, Sid Vicious, die Toten Hosen und die Ärzte etc.). Aber den kleinen grünen Kaktus liebt er wirklich — wie ein Lied aus Kindertagen. — Dann dankt er noch Thomas (!) für den Tip, daß das Lied von Marillion auf Platz 1251 immer so anfängt, er hätte bestimmt ansonsten wie ein Wilder (aus dem Süden) am Frequenzrad herum-

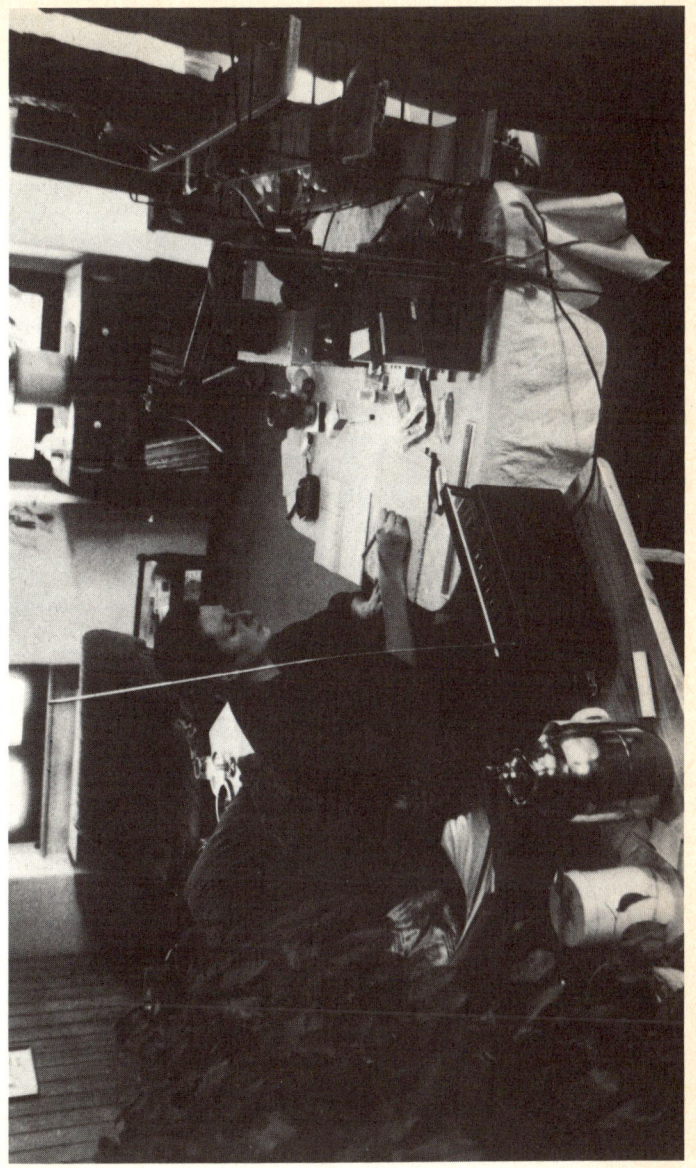

gedreht. Ich freue mich, die Notizen sind doch etwas auf-
schlußreicher als erwartet, obwohl er dem Thomas dankt, —
aber z.Zt. moderiert der Stefan! Kann man's Jürgen verübeln,
daß er das nicht wußte, er führt ja auch kein Tagebuch.

Da treffen sich wilde Hörer an Autobahnraststätten, die mit
dem Auto einfach nur herumfahren und die Mammut-Hitparade
hören, und unsereiner begegnet nur Leuten, die keinen blassen
Schimmer davon haben. Noch nicht einmal im HiFi-Geschäft!
Ich bekomme direkt Heimweh nach Ludwigshafen, dort dröht
der SDR 3 jetzt sicher aus allen Ecken. Ein halbes Jahr hatte ich
kein Heimweh, jetzt trifft es mich eben.

12.00 Uhr
Jürgen sieht ziemlich blaß aus, — wen wundert's bei dem
bißchen Schlaf in der Nacht. Und dann eben kaum guter
Sound, dabei haben wir so tolle Boxen, doch ohne Verstärker...

Falco warnt uns nun vor dem Kommissar mit dem Dienst-
grad 1230. — Nein, bei uns war er (immer noch) nicht.
Obwohl Jürgen völlig unrasiert jedem Gangster aus Chicago
alle Ehre machen würde. Wir haben echt sympathische Nachbarn um uns herum, das möchte ich jetzt auch einmal erwähnen. Die beklagen sich nicht über unser Nonstop-Radio-Hören.
So gesehen habe ich nun gar kein Heimweh nach Ludwigshafen mehr...

Tschüß jetzt — gute Nacht! Für mich wird's wirklich Zeit ins
Bett zu gehen.

17.00 Uhr
Jetzt habe ich insgesamt 4 Stunden geschlafen und leider
kriege ich keine warme Mahlzeit herunter bei 32 Grad Außen-
temperatur. Wir haben uns jetzt auf Obst beschränkt, wegen
der Vitamine und weil's erfrischt. — Jürgen stürzt sich auf sein
wohlverdientes Bier.

Ich bat Jürgen, ein paar Notizen zu machen, während ich
schlief. Auf seinem Zettel steht: Dauerhörer-Test um 13.25 Uhr.
Mehr nicht! Nach meinen Fragen — welche Gruppe? — was für
Leute? — erhalte ich keine Antwort. Aber ich kann ihm nicht
böse sein, so kaputt und fertig wie der drinhängt. Dafür hat er
einige Kassetten aufgenommen. Wer derzeit moderiert, weiß er
auch nicht.

Nur das *schlaue* Buch mit der Statistik ist sauber geführt. Inzwischen durften also die Stones zweimal spielen, und einmal durfte David Bowie — allderweil ich fest geschlafen habe, ganz so, wie ich's vermutet hatte.

Hallo Thomas! — Schlaf gut, Stefan! — Jetzt weiß ich wieder, wer moderiert. Wie ich feststelle, bin ich unmerklich in die Schicht von Thomas gerutscht. Das muß irgendwie verschoben werden, eingeholt werden. Ich möchte doch über *beide* Moderatoren und deren Schichten ungefähr gleichviel berichten. Ich werde also wesentlicher weniger schlafen *dürfen* als die Moderatoren, denn dieser Bericht soll ja so umfassend wie möglich werden, kein Mitschnitt sondern eine Mitschrift. (Eingebildet bin ich gar nicht, gell?)

Platz 1168, Ina Deter singt *Frauen kommen langsam aber gewaltig ..., starker Mann was nun?...* Mein starker Mann hat es sich mit der zweiten Bierflasche gemütlich gemacht und wartet auf's Sandmännchen.

18.00 Uhr

Tommy, Tommy...! Herr Schmidt hat (mal wieder) einen Titel erst hinterher angesagt. Für unsere Buchführung ist das enormer Streß beim Mitschreiben, zumal wenn man den laufenden Song gerade nicht kennt, geschweige denn weiß, wer ihn singt. Dafür sagt Thomas jetzt drei Titel im voraus an — wie er das ja zugegebenermaßen meistens tut —, und ich kann mich zu den Klängen von Pink Floyds *Mother* ein wenig ausruhen. Angenehm. Wir wissen ja nicht, nach welchen Kriterien die Tests bei den Dauerhörern durchgeführt werden, aber nach logischer Reihenfolge wären wir jetzt wieder dran... Wir sitzen schon einige Zeit auf den berühmten glühenden Kohlen und verfolgen mit doppelter Aufmerksamkeit jede Ansage. Wir tun das zwar die ganze Zeit schon und tragen auch alles sorgfältig in Jürgens schlaues Buch ein, aber jetzt ist der psychische Druck stärker. Vor fünf Stunden war der letzte Test. — Jürgen wollte extra immer noch wach bleiben, aber jetzt kann er nicht mehr länger und geht schlafen.

Auf mir lastet die schwere Verantwortung der *Buchführung* wieder alleine. Um 19.25 Uhr klingelt das Telefon. Ich eile mit der Statistik zum Apparat und bin ganz aufgeregt, obwohl ich alle Titel von Anfang an nennen könnte. — Am Telefon ist die Sekretärin unseres in Südafrika lebenden Vermieters. Wir sollen endlich mal das Unkraut vorm Haus jäten. Gerne. Aber nicht in dieser Woche. Diese Woche nicht!!! — Ich war richtig grob, obwohl ich mich ansonsten ausgezeichnet mit dieser Frau verstehe. Thomas hat ein Kniffelspiel geschickt bekommen von einem Hörer, der sich Gedanken um sein geistiges Wohl macht. Irgendetwas mit Kugeln, ich höre nur so halb hin, geistiges Arbeiten ist augenblicklich nicht.

Auf Platz 1146 kommt Bobby Brown mit einem Titel, den ich nicht verstehe. *My proregetif* schreibe ich eiligst mit und stürme dann zum Bücherregal, um das englische Wörterbuch hervorzukramen. Man will sich ja nicht blamieren. *My prerogative* notiere ich nun stolz, und ich weiß jetzt sogar, wie dies zu deutsch heißt: Mein Vorrecht, oder Hoheitsrecht, — nun denn. Jetzt habe ich während der Top Tausend X sogar eine englische Vokabel gelernt.

Donnerstag, 17.08.89

5.00 Uhr
Ich brauche volle Konzentration für die Statistik. Viele Titel werden erst hinterher angesagt, nachdem sie gesendet wurden. Das bedeutet großen Streß, da ich die meisten Interpreten zwar kenne, auch die meisten Songs, ich habe aber selten Ahnung, wie ein Titel exakt heißt. — Thomas macht Druck bei der Ansage, ich glaube aber er hat diese Nacht etwas Zeit eingeholt. Glückwunsch Thomas.

Jürgen hat mir einen frischen Beutel *Schaumzucker-Erdbeeren* hingelegt, sehe ich gerade, aber die rühre ich nicht an. Husten Schnupfen, Durchfall — von Zahnschmerzen bin ich bis jetzt verschont geblieben, und das soll so bleiben.

Ich gehe 'mal zum Fenster, ob ich vielleicht die Mondfinsternis sehen kann. Von einem kupferroten Schimmer war die Rede, aber ich sehe nur finstere Nacht. Telefonisch meldet sich eine Frau bei Thomas, die einen roten Schimmer am Nachthimmel sieht. Also scheinen die Nachrichten korrekt gewesen zu sein, obwohl es bereits eine Stunde später als angekündigt ist.

6.00 Uhr
Ich habe nie gewußt, was mir wichtiger ist, Theater spielen (ich leite eine Theatergruppe der Volkshochschule Ludwigshafen), oder schreiben. Zur Zeit denke ich, daß Schreiben das

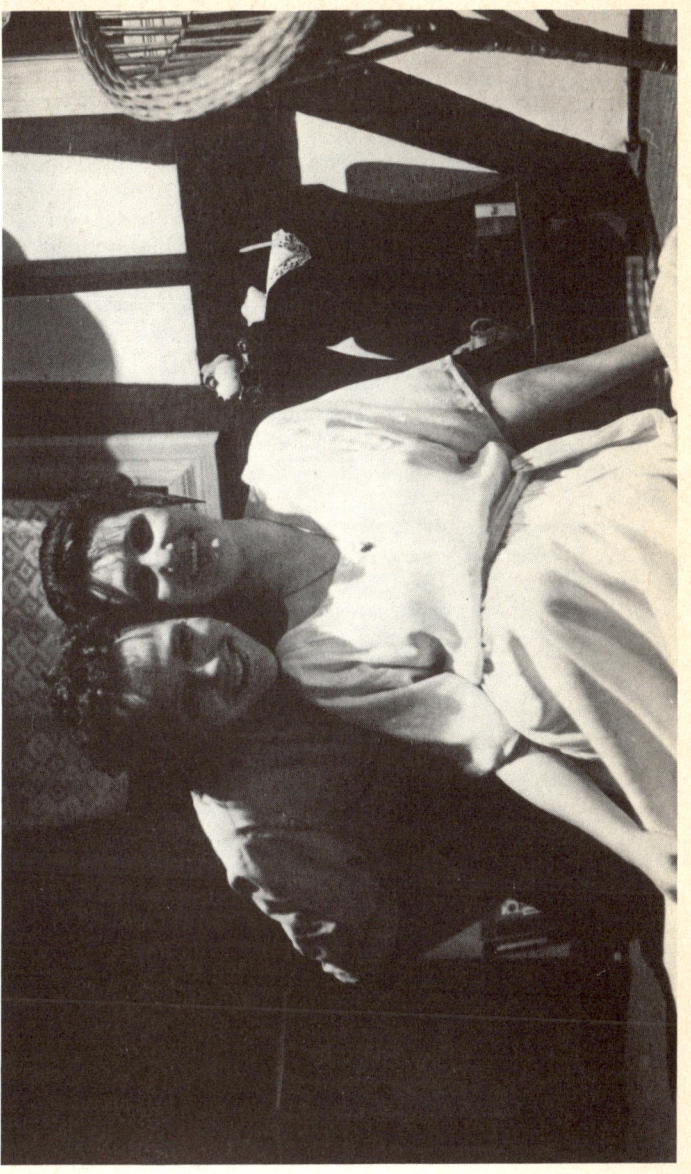

Rennen gewinnt. Zu einem Theatermarathon würd' ich mich höchstens im Vollrausch hinreißen lassen, als ich mich aber zu diesem *Schreibmarathon* entschloß, war ich stocknüchtern. Und mir macht es immer noch Spaß. Im Theater wäre ich vermutlich in der Zwischenzeit längst schreiend von der Bühne gerannt. Allerdings habe ich im Theater auch keine Musikbegleitung, wie jetzt. Ich werde beim wilden Schreiben immerhin von dem wilden Sender aus dem Wilden Süden begleitet.

Um 6.50 Uhr meldet sich der hektische Herr *Schwoab* wieder. Er wolle ununterbrochen zuhören, damit er keine Informationslücken hat. Außerdem warte er immer noch auf Bata Ilic, dieser Interpret sei ihm in Aussicht gestellt worden...

Hallo Stefan, wieder da? Guten Morgen! — Ich habe die halbe Nacht mit Thomas hinter mir und jetzt liegt noch ein halber Tag mit Stefan vor mir. So allmählich rutsche ich in die Tagschicht.

7.00 Uhr

Jürgen, der ordentliche *Buchhalter* wird wieder etwas zu motzen haben, denn die Eintragungen, die ich in der Nacht vorgenommen habe, sind zuweilen durchgestrichen, drübergeschrieben, mit Pfeilen versehen und angekreuzt. Wenigstens habe ich diese Nacht fleißig mitgeschnitten. — Jürgen trägt auch korrekt jede volle Stunde in die Statistik ein, solche Notizen fehlen bei mir. Dafür stehen sie exakt in meinem *Tagebuch*.

Lieber Stefan, lieber Thomas, ich rate Euch dringend, dieses *Protokoll* auch zu lesen, ich werde Testanrufe mit Testfragen starten. Etwa so: «Was habe ich auf Seite 30 im vierten Absatz geschrieben?»...

8.00 Uhr

Schlaf' gut, Thomas Schmidt, *gute Nacht*! Um 8.25 Uhr klingelt das Telefon, und ich denke überhaupt nicht daran, daß das jetzt der Stefan Siller sein könnte. Bestimmt meine Schwiegermutter. — Aber Nein! — Oh No! — Der Dauerhörer-Test!!! Es *ist* Stefan Siller, aber ich kann alle drei letzten Titel nennen. Diesmal habe ich mein *Interview* auf Kassette aufgenommen.

Um 8.30 Uhr singen die *Doors Moon of Alabama* — ich weiß, ich weiß, die haben es *vorher* aufgenommen, trotzdem gefällt mir David Bowies Version besser.

140

Danach, auf Platz 694, fragt Herbert Grönemeyer *Bist Du taub?* — Ja, bin ich, zumindest so halbwegs.

Und dann kommt doch noch David Bowie in dieser Stunde. *Ashes to ashes* singt er auf Platz 689. — Wie habe ich ihn damals für dieses Lied gehaßt. Major Tom war doch *mein* Held in den 70ern und *den* ließ Bowie 1980 sterben: Nein, — er war kein Held, der Major Tom, er war ein Junkie! — Damit nur alle Leute meiner Generation merken, daß die unbeschwerten Teenie-Jahre für uns vorbei sind...

Oh No! — (Not again...) Wieder werden die Leute aus Nürtingen getestet. Jetzt hatten sie auch noch eine Stunde Stromausfall (!), und ich freue mich riesig mit denen, daß sie in jener schweren Stunde nicht angerufen worden sind. (Kommt sicher von meinem *Daumen drücken...?*)

13.00 Uhr
Die beiden von mir am Dienstag besorgten 10er Packungen mit Kassetten werden schon wieder knapp. Telefonisch avisieren wir Jürgens Eltern, uns Kassetten per Post zukommen zu lassen. In die Stadt fahren, das schaffen wir jetzt beide nicht mehr.

13.35 Uhr
Dauerhörer-Test im Architekturbüro (die, die nur abhaken...). Man stelle sich das dennoch vor, da gehen sogar zwei Leute des Teams ihrer täglichen Arbeit nach, während einer vor dem Radio sitzt. Der Chef ist selbst am Apparat, und Stefan fragt ihn, ob er nicht nach dieser Top Tausend X auf die Idee käme, er hätte ja eigentlich einen zuviel im Büro, nachdem das diese Woche so gut klappt...

14.00 Uhr
Ich trinke mein erstes kühles Bier. Jürgen will um 15.00 Uhr übernehmen. Obwohl mich Queen mit *I want to break free* wieder fit machen, fühle ich mich jetzt doch ein wenig ausgelaugt.

Bonnie Bianco ist noch in dieser Stunde auf Platz 613 mit *Stay* zu hören. Ich mag sie sehr, aber erst seit dem Film *Cinderella*, in dem der Song ja auch vorkommt.

Und jetzt kommt noch ein Lied für *mich*: *Who made who* fragen sich AC/DC, die bei mir gleich hinter den Stones und

David Bowie rangieren, obwohl mir die alten AC/DC mit Bon Scott viel lieber waren. — Warum kennt hierzulande nur kaum jemand den Song *Jean?* — Dies ist ein *langsames* Lied zum *Träumen,* und dieser Song ist von AC/DC mit Bon Scott. — Mir kommen gleich die Tränen! Er hätte nicht sterben dürfen, dabei jährt sich sein Todestag im nächsten Februar schon zum zehnten Mal... Lieber Bon, Du warst für mich der größte Heavy-Metal-Sänger aller Zeiten!!!

Jean gibt es nur auf einer australischen Pressung von der LP *High Voltage* — sonst — und davon bin ich überzeugt, wäre *dieses* Lied auf einem der ersten Plätze. — Lieber Stefan, lieber Thomas, ich kann Euch ja 'mal eine Kassette von dem Song *Jean* schicken, Ihr könnt es dann ja im Schlafrock spielen und die Hörer raten lassen, *wer* das singt. Bisher waren alle Leute völlig mit den Nerven fertig, wenn ich sagte, *das* ist eben *auch* AC/DC.

15.00 Uhr
Ich habe gerade meine Kassette mit *Jean* gesucht. Der Jürgen wird doch nicht...? Der wird doch nicht *diese* Kassette überspielt haben. Mein ganzer Stolz. «Irgendwo wird sie schon wieder auftauchen», meint Jürgen, er guckt aber ganz zerknirscht und will mich in den Arm nehmen. Das kann ich jetzt nicht haben. J*etzt nicht. Ich will meinen guten alten Song von Bon wiederhaben!* Na, wer weiß, vielleicht taucht die Kassette doch irgendwann wieder aus dem Chaos auf, wenn die Top Tausend X am Samstag vorbei sind, wird eine große Suchaktion gestartet.

Van Halen auf Platz 600 mit *Why can't this be love* rettet mich vor den bevorstehenden Tränen und gibt mir meine gute Laune zurück. Ein gewisser David Gasselhoff fragt I*s everybody happy?* — und da bin ich es auch wieder. — Happy, bei den Top Tausend X dabei sein zu dürfen.

16.00 Uhr
Trotzdem — ein bißchen melancholisch hat mich das jetzt schon gestimmt, daß ich über Bon Scott geschrieben habe. Aber für große Trauer ist jetzt nicht die Zeit. — Ich muß (!) zum Metzger, damit die Katze Futter kriegt. Sie frißt nämlich nur Rinderhack, und dieses muß vom Metzger sein. Sie wäre *ideal* für einen Reklamefilm für Dosenfutter. Da stellt sie sich

142

nämlich davor und faucht mit gesträubten Nackenhaaren. Na ja, ich mag ja auch kein Dosenfutter. — Ich schaffe die Einkäufe gerade noch, obwohl mir vor Müdigkeit bald die Augen zufallen. 16.50 Uhr — Ich gehe schlafen, schlafen, schlafen…

20.15 Uhr
Oh No!
Der Dauerhörer-Test bei uns, und ich werde vom Telefonläuten geweckt. «Weiß Jürgen die Titel?» denke ich im Halbschlaf und v erwschinde sofort, nachdem ich eine kurze Notiz ins Tagebuch eingetragen habe, wieder in die berühmte Falle.

Samstag, 19.08.89

9.00 Uhr
Stefan ruft mich während der Nachrichten an. Nein, wir können leider nicht zur Party kommen, wir haben derzeit kein Auto! — Er fragt noch nach den letzten drei Titeln, die ich wie aus dem *ff* beherrsche, Übung macht den Meister…

Ich freue mich, daß Stefan während der Nachrichten anruft, *jetzt* habe ich Zeit, ihm von meinem *Überraschungstagebuch* zu erzählen. «Vielleicht könne man ein Buch daraus machen», sagt Stefan, es wären auch so viele Telegramme und Telefaxe eingegangen…

Ich freue mich riesig, gebe aber zu, daß auch mir während meiner Marathonschreiberei die Idee, es könne ein richtiges *Buch* werden, eingefallen ist.

10.00 Uhr
Ich habe mit Schwiegereltern und Schwägerin telefoniert, ob es nicht möglich sei, uns zur Party nach Stuttgart zu fahren. Der Schwiegervater ist auf einem Kegelturnier, und die Schwägerin hat ein 3-monatiges Baby. — Die meisten unserer Freunde wohnen etliche Kilometer weit weg.

Mir fallen einige Brüder ein, die in Ludwigshafen zu Hause sind, und ich erreiche deren Mutter. Zwei Brüder haben — ebenso wie wir — defekte Autos; und der andere ist seit 9.00 Uhr außer Haus, und es besteht kaum Hoffnung, daß er vor Mitternacht zurück ist

Also nix mit Party im Park der Villa Berg. Und die Musik törnt derweil immer mehr an. Vor lauter (vergeblichen) Versuchen, uns doch noch irgendwie nach Stuttgart zu transportieren, vergesse ich die Zeit exakt aufzuschreiben.

11.00 Uhr
Während Jürgen eifrig aufnimmt, telefoniere ich mir unten am zweiten Apparat die Finger wund. Ich *will* auf die Party!!! — Ich trinke derweil — frühmorgens und ausgeschlafen! — ein Bier.

Bestimmt kommt unsere Katze in das Guinness-Buch der Rekorde. Die erste Dauerhörer-Katze der Welt! Sie erscheint mir jetzt des öfteren verstört, zuweilen ist sie aber auch ganz friedlich und schaut uns aus ihren großen Augen an, als erkläre sie uns jeden Moment für verrückt. «Wir sind nur *wild*», erkläre ich dem Kätzchen, aber sie ist es ja selbst. Kunststück! Sie kam 14 Tage alt zu uns, und wir haben sie schließlich erzogen.

Jürgen und ich schließen Wetten ab, wer den Platz *eins* ergattert. *Wish you were here* — ist mein Tip, und Jürgens Tip verrate ich nicht. So.

Zum ersten Mal in dieser *wilden Woche* gehe ich kotzen. Bier auf nahezu nüchternen Magen, wer verträgt das schon. Aber hernach geht es mir wieder gut.

12.00 Uhr
Werden wir wohl — ebenso wie unsere Katze — (und natürlich der Stefan Siller und der Thomas Schmidt) — in das Guinness-Buch der Rekorde eingetragen? — Was man sich für Fragen stellt, morgens früh — an und für sich ausgeschlafen — aber trotzdem stockbesoffen von *einem* Bier. — Schließlich haben wir ja *nur zu zweit* durchgehalten, im Gegensatz zu den mehrköpfigen Besatzungen anderer Teams. So 'ne Art *Weltrekord im Dauer-Radio-Hören…?* hat bestimmt noch keiner aufgestellt — oder doch? Mit Sicherheit aber der *Weltrekord im Dauer-Schreiben* — aber den hält bestimmt der schon erwähnte Konsalik inne, mit seiner Quantität an Büchern…

Ich könnte jetzt tatsächlich laut losheulen, so gerne würde ich auf die Party nach Stuttgart fahren. Warum sind nur alle unsere *wahren* Freunde quer durch Deutschland verstreut und nicht in der Nähe? — Uwe Hörner, bereits erwähnter Bankangestellter und Schauspieler, wäre mit Sicherheit mit uns dorthin gefahren, doch der ist seit Freitagabend auf Urlaubreise nach Schottland…

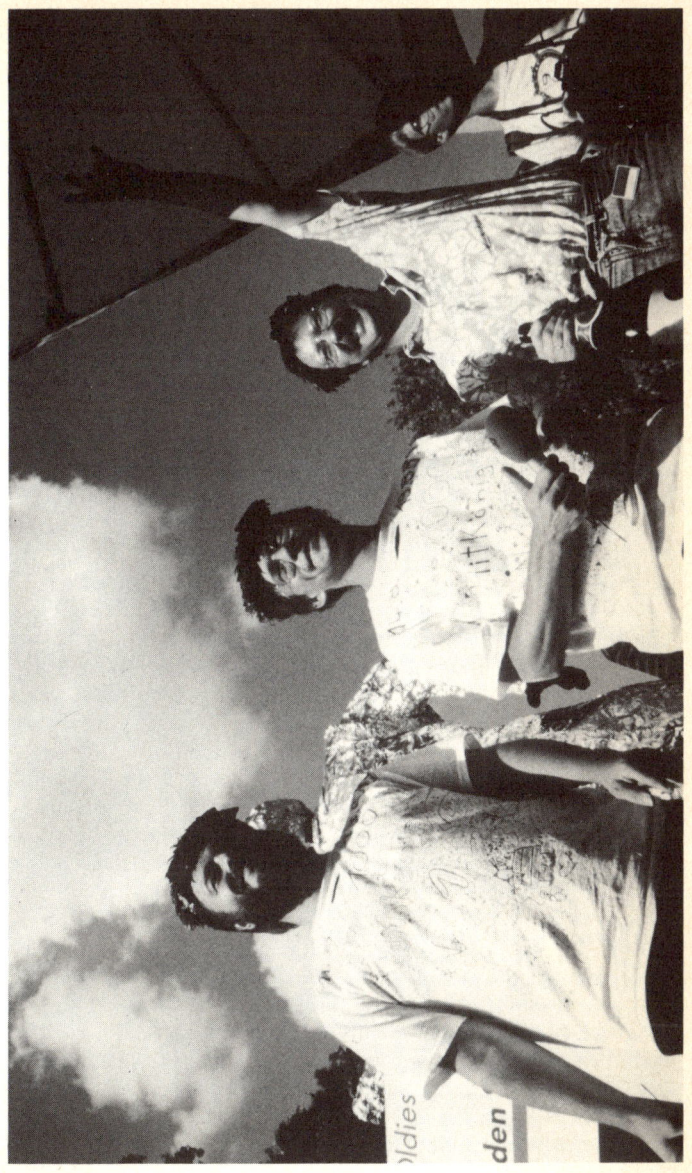

Ach wie gerne wäre ich jetzt dort in Stuttgart dabei!!!

Steppenwolf erklärt auf Platz 45 gerade *Born to be wild* — und alle, die das so wie wir auch sind, sind momentan nicht greifbar. Zwei Freundinnen wüßte ich, die würden die Strapaze auf sich nehmen. Aber beide sind sie krank, und ich möchte sie schonen. *Dort* rufe ich nicht an, denn die täten es auch mit größter Anstrengung, und gerade *das* würde mir ein arg schlechtes Gewissen machen.

Die letzten drei Stunden

Eine Stunde wollen Stefan und Thomas noch im Studio bleiben, dann werden sie in den *Park* gehen. Wie schön. Ich habe den berühmten dicken Kloß im Hals, weil wir nicht dabei sein werden. Jetzt noch *absolut live* dabei — es wäre ein so schöner Abschluß dieser wilden Woche gewesen — aber dieser Traum ist ausgeträumt.

Noch 12 Titel aus den 80ern, 6 Titel aus den 60ern und — 18 (!) Titel aus den 70ern. Das stimmt mich wieder heiter, waren doch die 70er *meine* Jahre... (Mir sagte einmal jemand, ich würde von den 70ern reden, als wolle ich sie *sofort* wiederhaben... — vielleicht ist es sogar ein kleines bißchen wahr.)

Und wenn ich dann noch Supertramp mit *School* höre, Platz 36, dann erinnere ich mich... *War das eine wilde Zeit!!!* — Damals, als der Hit herauskam, wie oft sind wir da *supergetrampt*... Und wie treffend ist der Titel *jetzt*: «...after the school is over, you're playing in the park...» Thomas und Stefan werden jetzt auch bald im Park *spielen*...

Jemand schreibt den beiden: «Man sollte Euch in Gold aufwiegen, Denkmäler errichten, Straßen nach Euch benennen...» («Wie wär's mit der Stefan-Siller-Allee?» fragt der Stefan gar nicht eingebildet und kündigt Barclay James Harvest mit *Hymn* an — noch so ein Hit aus den 70ern!

Friedemann, wohl ein anderer Moderator, hat sich Freunde in den Park der Villa Berg eingeladen. Doch er hat die Rechnung ohne Stefan und Thomas gemacht. Sie fordern ihn auf, im Studio zu bleiben und hätten ihm zur Unterstützung *Werner Köhler* geschickt. Dieser war mit dem Honorar von 1501 Gummibärchen mit allem einverstanden. Friedemann solle allerdings umsonst moderieren, er mache dies ja eh gerne... Inzwischen seien nicht 50 — sondern 5000 Fans da. «Hallo Woodstock, seid Ihr noch da» — ein vielfaches, lautes «Yeah!» erklingt.

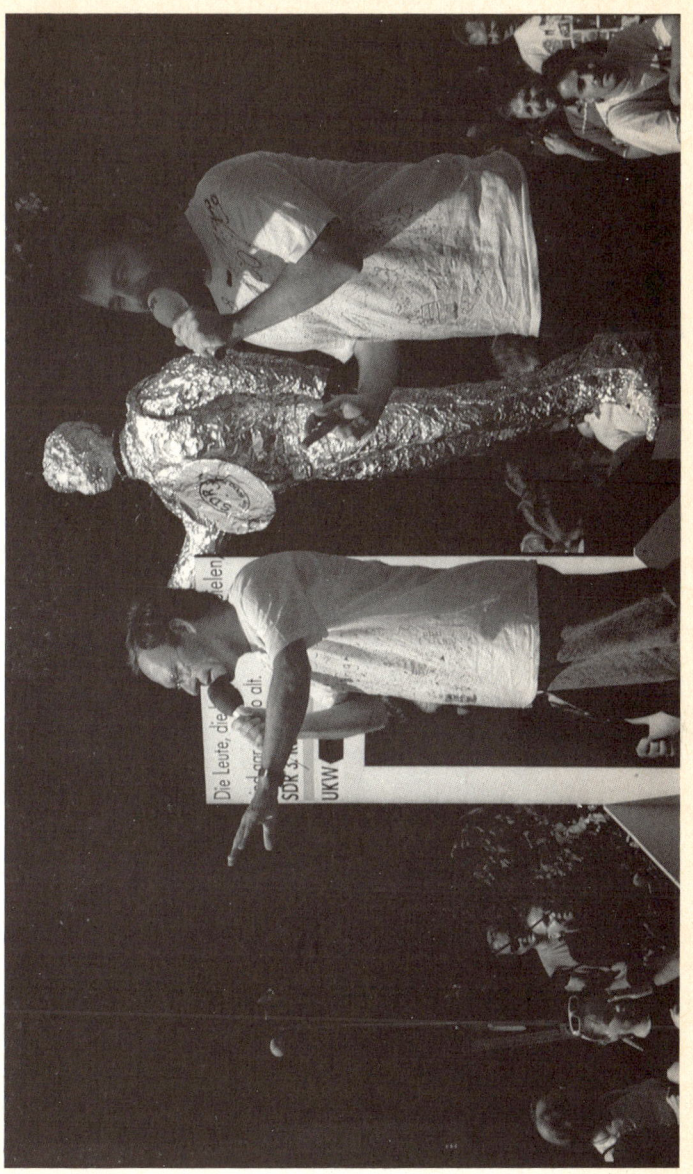

Nach BJH *Hymn* folgen noch U2, Van Halen, Michael Jackson, Joe Cocker und dann: «Help me get my feet back on the ground...» — und das tät' ich jetzt selbst am liebsten herausschreien. Aus dem geöffneten Fenster. Weil wir nicht im Park der Villa Berg sind — ich fühle mich nach drei Bieren doch schon ziemlich besoffen, ich trinke zwar nicht täglich Alkohol, vertrage aber *normalerweise* eine ganze Menge.

Die Spannung wird immer größer. Jürgen und ich wetten weiterhin um Platz *eins* — ich bleibe bei den Pink Floyd und Jürgen bei seinem Titel, den ich immer noch nicht verrate.

Rod Stewart plaziert sich auf Nr. 27 mit seinem Kapitänspatent *I am sailing* — ich mag zwar den Song, aber eine solch' hohe Plazierung hätte ich nicht erwartet.

Während Elvis noch *In the ghetto* singt, herrscht bei uns plötzlich Gebirgsstille. Alles schweigt. Einer kommt auf die Idee am Lichtschalter zu drehen, der funktioniert auch nicht. Der andere meint, man solle probieren, ob der Elektroherd funktioniert. Dieser ist ebenfalls *tot*. — Stromausfall? *Jetzt?* — oder vielleicht nur die Sicherung?

In den meisten Wohnungen hängt so ein Sicherungskasten irgendwo im Flur. Bei uns gibt es einen extra *Elektroraum* im Nebengebäude. Zu diesem müssen wir erst den Schlüssel finden und eilen ziel- und planlos durch unsere mittlerweile schlimm aussehende Wohnung (man erinnere sich bitte, daß der Ausnahmezustand verhängt wurde, irgendwann montags), und dann findet Jürgen den Schlüssel ziemlich schnell. Er hängt nämlich am Schlüsselbrett, da, wo er hingehört — und so etwas ist bei uns selten. Bei *Imagine* von John Lennon sind wir wieder auf Empfang, wir wissen aber nicht, welche Platznummer das ist und wieviel wir in der Zwischenzeit versäumten. Gruß an Nürtingen — mir fällt gerade deren Stromausfall ein...

Stefan und Thomas scheinen mittlerweile *draußen* in dem Park der Villa Berg zu sein, man hört es am Gröhlen der Kids.

Genesis mit *The carpet crawl* wird gerade angesagt, aber der Song *Back in N.Y.C.* auf der gleichen LP (*The lamb lies down on Broadway*) gefällt mir — ehrlich — *noch* besser. Aber — was sagt der Stefan da? Platz 23 — ?! Oh hell and heaven, wir haben gerade nur *einen* Titel verpaßt. Jetzt wird noch eine zusätzliche Wette gestartet, welcher Song *das* gewesen sein könnte. Ich habe ja die Hoffnung auf einen Titel von Marianne Faithful immer noch nicht aufgegeben...

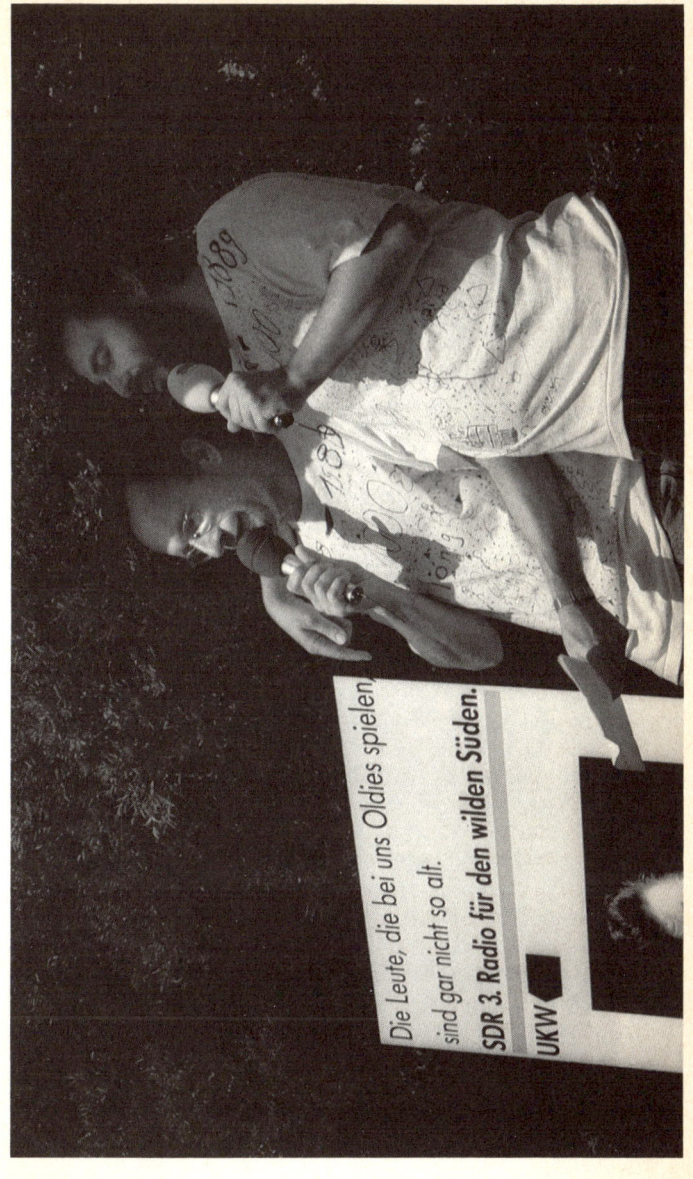

Die Leute, die bei uns Oldies spielen, sind gar nicht so alt.

SDR 3. Radio für den wilden Süden.

UKW ◀

Danach kommen die Stones mit *Angie*. Den Titel tippte ich am ersten Tag auf Platz *eins*, aber bei 1501 Titeln und Platz 22 lag ich ja gar nicht sooo sehr verkehrt.

Nun — also besser plaziert — Jürgens Tote Hosen mit *Hier kommt Alex!*. Dieses Lied imponiert mir allerdings selbst sehr stark — immerhin ist es fast 20 Jahre nach dem Film *Clockwork Orange* aufgenommen und besingt den Helden des Films, nämlich eben jenen *Alex!*

In diesen gewissen Film habe ich mich damals — minderjährig — 'reingeschmuggelt... Also gut, ich mag einige Lieder und Videos der Toten Hosen auch, aber ehrlich nicht deswegen, um *up to date* zu sein. Heidrun Malcomes, nebenberuflich Sängerin (hauptberuflich Designerin — sie hat das Deckblatt für mein Tagebuch entworfen) sagte mir 'mal, solche Musik wie die der *Hosen* täte sie auch gerne machen. Ich erklärte ihr daraufhin, daß das schwer werden würde, denn «die können nämlich wirklich etwas!» und war selbst erstaunt über diesen Ausspruch von mir. Daraufhin flog mir eine Schachtel Zigaretten — von Heidrun geschmissen — an den Kopf. Ich nahm es ihr nicht übel, ich habe die Zigaretten geraucht.

Was die genaue Uhrzeit anbelangt, fehlen nun völlig die Eintragungen: weder in Jürgens Statistik ist die Uhrzeit noch zu finden, geschweige denn in meinem Tagebuch. Ich genieße mehr oder weniger nur noch die gute Musik, ohne mir über Zahlen (wozu auch Uhrzeiten gehören), Gedanken zu machen. Mit Zahlen, Ziffern und Rechnen stehe ich sowieso auf Kriegsfuß.

John Miles singt auf Platz 16, daß Musik seine erste Liebe war und seine letzte sein wird. Falls ich demnächst wegen Übernächtigung sterbe, soll das Lied auf meiner Beerdigung auch gespielt werden. Jawoll!

«Music was my first love, and it will be my last...» begleitet mich schon ca. 15/16 Jahre lang, und es stimmt immer noch!

Dann kommen die Scorpions mit *Still lovin' you* — ein Liedchen zum Träumen. Ein Studiomusiker erklärte mir vor 'zig Jahren einmal, der Klaus (Meine) wäre ein Virtuose auf dem Spiegel (Kokain), ob's stimmt weiß ich nicht. — Aber man sehe sich nur einmal Keith Richard an, er hat mittlerweile auch die 40 überschritten, obwohl man ihm vor ca. 18 Jahren höchstens noch 5 Jahre gegeben hätte (gesundheitlich wohl gemerkt!). — Mit freundlichen Grüßen an die SDR 1-Ratgeberredaktion...

Jetzt erklingen Queen mit *I want it all* — was hat den Freddie Mercury nur dazu gebracht, derart oberflächlich auszusteigen…?

I want it all — das sind doch wieder Werke. — Und Madonna plaziert sich auch ganz vorne. (Die Regisseurin in mir würde ja gerne mit ihr einmal einen richtig geilen Film drehen, denn Ausdruck (Charisma) hat sie ja — aber ihre Lieder mag ich eben nicht, obwohl ich von ihrem Typ und ihren Bildern und Videos fasziniert bin.) Vielleicht gehöre ich aber auch schon zu den Grufties, die nur auf die alten Sachen stehen, wer weiß…

Über alle Titel und Interpreten kann ich allerdings keine Kommentare abgeben, sonst kriegt dieses Tagebuch womöglich 121 Seiten…

Inzwischen habe ich mich auf die Waage gestellt, ich habe nicht ein Gramm abgenommen in dieser Woche, wie ich anfangs hoffte…

Die Top Ten der Top Tausend X

Smoke on the water, Platz zehn, von Deep Purple habe ich nicht aufgenommen. Ich weiß, *dafür* gibt es keine Entschuldigung. Die Top Tausend X Top Ten — und diesen Titel schneide ich *nicht* mit. Wir haben uns nämlich eine ureigene Kassette für *diese* Top Ten zurechtgelegt, natürlich mit allen Ansagen, diese Kassette habe ich eingelegt, stolz, daß ich so topfit bin, habe aber dabei vergessen, den Aufnahmeknopf zu drücken… *Let it be* — als wäre es magisch, hörte ich schon die Beatles im voraus und drückte den Knopf eben nicht, *ich ließ es sein*. Also erst Mitschnitt ab Platz *neun*, die nun doch zwangsläufig häufiger erwähnten Beatles.

Allerdings wurde Platz acht angesagt anstatt neun, ich kann das voll und ganz verstehen, denn bei meinem *Dauerschreibmarathon* unterlaufen mir zuweilen viel grobere Fehler. Sollte jetzt jemand meine *Rohschrift* lesen, ich käme mit Sicherheit in die schwäbisch-psychiatrisch-musikalische Anstalt.

»Sollte ein anderer Sender *demnächst* den Rekord brechen wollen,« so meint Jürgen, «fahren wir dann währenddessen in den Urwald!»

Aber es hat einen solchen Spaß gemacht, und der totale Streß, den ich vor Tagen befürchtet hatte, blieb ziemlich aus — kam nur zwischenzeitlich einmal für höchstens eine halbe Stunde durch. Irgendwie bin ich sogar *traurig*, daß diese *wilde*

und *verrückteste* Woche seit Woodstock so bald nun schon vorbei sein soll. *The look* — von Roxette auf Platz acht wird jetzt mit Platz neun angesagt — somit gleicht sich alles wieder aus — Ich kann's kaum glauben, daß wir jetzt gerade die letzten zehn Lieder dieser Mammuthitparade hören. Was heißt hier die *letzten?*

Es sind die *ersten, allerersten* Plazierungen:

Pink Floyd — *We don't need no education* auf Platz sieben — ich glaube mich zu erinnern, daß einige Titel aus der gesamten LP *The wall* plaziert waren. Lehrer! — Laßt Eure Kinder alleine… *Wir brauchen keine Erziehung, wir nicht, wir sind die wilden Kinder aus dem Wilden Süden!*

Oh yes! *Yesterday* — kann ich den zum x-ten Mal vertretenen Beatles auch sagen, denn bald sind die Top Tausend X vorbei. Schluchz. Auf Platz sechs sind sie gekommen, die Liverpooler machen bestimmt das Rennen der am häufigsten vertretenen Band!

Und jetzt kommen die *Champions* — auf Platz fünf. Lautes Gegröhle und Yeah!-Rufe beim Publikum, als Queen mit dem Titel *We are the champions* angesagt werden. (Ich wäre sooo gerne dabei… z.B. *mitgröhlen*). — Und immer noch gilt die Wette zwischen Jürgen und mir — beide Titel waren noch nicht vertreten.

Endlich kriege *ich* meine Befriedigung. Mick Jagger anscheinend nicht, denn er singt *I can't get no satisfaction…* Meine geliebten Rolling Stones auf Platz vier. Es gibt sie also doch noch, die guten alten Stones-Fans der *guten alten Zeit.* — Allerdings muß ich zugeben, diese Zeit *jetzt, heute* und gerade z.B. diese Woche, ja eigentlich dieses ganze Jahrzehnt, es war doch *auch* gut, obwohl wir halt inzwischen älter sind, und Verrücktheiten, die wir vielleicht gerne noch machen würden, uns nicht mehr als *jugendlicher Leichtsinn* verziehen werden…

Ich grüße alle Dauerhörer-Teams, die mit uns am Radiogerät ausgeharrt haben. — Laut Stefan und Thomas sind *alle* Dauerhörer-im-Test in Stuttgart — nur wir nicht… aber: Hurra! Wir haben einen CD-Player gewonnen, Jürgen und ich wünschen uns den schon seit Jahren, aber das nötige Kleingeld fehlte uns. Jetzt haben wir einen gewonnen. Jipiieh! Yeah!We are all winners! So, wie ich es mir wünschte. Wir sind *Brothers in arms* wie uns gerade die Dire Straits auf Platz drei erklären. Alle fünf Teams haben durchgehalten!

»Oh, oh how I wish , how I wish you were here…« wie eine Einladung nach Stuttgart klingt das… *Mein Tip* für den ersten Platz auf *Platz zwei*! Jetzt wird es noch spannender, hat vielleicht sogar Jürgen recht? Seit fast drei Tagen tippt er auf ein gewisses Lied einer gewissen Gruppe, und ich hatte nur ein müdes Lächeln dafür übrig — obwohl ich diese Band auch liebe. Ich vermutete die Stones oder Pink Floyd. An die Beatles, die fast allzu häufig vertreten waren, wollte ich nicht denken, obwohl ich sie mir *hin und wieder* anhören kann. Aber was bedeutet schon *hin und wieder* innerhalb von zwei Jahrzehnten…?

Unsere Stereoanlage ist bis zum Anschlag aufgedreht. Oh, how I wish you were here… Die Nachbarn von gegenüber winken uns freundlich aus dem Fenster zu. Ich danke Euch, liebe Nachbarn für das Verständnis für die wilden Leute Eures wilden Dorfes im Wilden Süden. Ein Lob, ein großes! — für alle unsere Nachbarn, es kam nicht eine einzige Klage!

Die Top Eins der Top Tausend X mit 1501 Titeln
Jetzt! — Gleich werden wir es erfahren. Das Publikum gröhlt vor Begeisterung nach dem sehr, sehr langen Jingle. Die Spannung wächst ins Unermeßliche…

Sieger ist mein Ehegatte Jürgen! Sein Tip für den ersten Platz war richtig!
Stairway to heaven
mit den großartigen
Led   Zeppelin!
Das ist schon ein Meisterwerk!

Ich winke den freundlichen Nachbarn mit Tränen in den Augen zurück, sämtliche Radiogeräte laufen, durch das ganze Haus erklingt *Stairway to heaven*! — Dieses Feeling kann man schreibend, sei man auch noch so gut, *nicht* wiedergeben. Das *muß* man hören, muß man erleben. Platz eins von 1501 Titeln. — Die Treppe zum Himmel! Aaaach — ist daaas ein Feeling…

Und die Tränen kommen, auch deshalb, weil diese schönste, wildeste, verrückteste Woche seit Woodstock vorbei ist. Es fällt richtiggehend schwer, von den inzwischen so vertrauten Moderatoren Thomas Schmidt und Stefan Siller Abschied zu nehmen.

Herzlichen Dank an alle, alle freundlichen, wohlgesinnten Leute, die dabei waren. DANKE !

Und der Computer rechnet ab

Halbamtliche Endergebnisse
eines Hörervotums
(Der wildsüdliche Wahlleiter)

Gesamtstatistik:
   Ausgezählt wurden 15 062 Karten
   mit insgesamt 828 410 Punkten
   und 20 511 verschiedenen Titeln und Interpreten

Das wilde Preisrätsel
für alle Top Tausend X-Fans

Bis zum **6. Dezember 89** gibt's knifflige Aufgaben für Quer-
denker. Wer die Kopfnüsse knackt, dem winken bei einer Live-
Verlosung echt tolle Preise.

Da gibt's beispielsweise einen schönen alten Flipper und drei
supermoderne CD-Player, gestiftet vom ADAC, der Stuttgarter
Bank und vom TÜV. Oder: Studiobesuche im Radio für den
wilden Süden mit Stefan Siller und Thomas Schmidt, hand-
signierte Plakate, CDs, Bücher, sogar Sparbücher
und, und, und …

Übrigens, daß dieses Buch für nur **9,90 DM** zu haben ist, ver-
danken wir dem **ADAC**, der **Stuttgarter Bank**, dem **TÜV** und
den Firmen, die in diesem Buch werben. Danke dafür!

**Auf gehts, holt Euch Eure Rätselkarte bei allen Geschäfts-
stellen des ADAC, der Stuttgarter Bank, beim TÜV
oder beim SDR 3.**

Viel Spaß, viel Glück!

Euer

FACTOR :VERLAG : STUTTGART

Die Punktsieger

Platz	Gruppe	Punkte	Titel
1	Beatles	23839	40
2	Pink Floyd	18287	16
3	Queen	17306	19
4	Dire Straits	15285	15
5	Rolling Stones	14068	22
6	Deep Purple	10725	11
7	Herbert Grönemeyer	10012	13
8	Michael Jackson	9780	11
9	U2	9346	14
10	Scorpions	8963	14
11	Led Zeppelin	8365	4
12	Genesis	8341	13
13	Madonna	7362	11
14	Phil Collins	7132	8
15	Joe Cocker	6262	10
16	Simple Minds	6047	9
17	Ärzte	6013	11
18	Elvis Presley	5774	13
19	Simon & Garfunkel	5728	6
20	BAP	5590	10
21	Bon Jovi	5506	9
22	Peter Gabriel	5367	9
23	Sting	5261	10
24	Supertramp	5217	10
25	Bruce Springsteen	5195	10
26	Toten Hosen	4960	7
27	Gary Moore	4763	8
28	Roxette	4663	2
29	Chris de Burg	4607	13
30	Bangles	4299	3
31	Uriah Heep	3935	4
32	Police	3903	7
33	Foreigner	3841	6
34	Doors	3812	9
35	The Cure	3780	9
36	Simply Red	3647	7
37	Prince	3633	9
38	AC/DC	3624	9
39	Eagles	3577	3
40	Pet Shop Boys	3548	7
41	Rod Stewart	3518	6
42	John Miles	3512	1
43	Elton John	3408	10
44	John Lennon	3394	2
45	Jimi Hendrix	3284	6
46	Depeche Mode	3189	13
47	Tracy Chapman	3176	8
48	FGHT	3070	4
49	Jethro Tull	3063	5
50	BJH	3011	5

Wer hat die meisten Titel?

Platz	Gruppe	Punkte	Titel
1	Beatles	23839	40
2	Rolling Stones	14068	22
3	Queen	17306	19
4	Pink Floyd	18287	16
5	Dire Straits	15285	15
6	Scorpions	8963	14
7	U2	9346	14
8	Depeche Mode	3189	13
9	Chris de Burg	4607	13
10	Elvis Presley	5774	13
11	Genesis	8341	13
12	Herbert Grönemeyer	10012	13
13	Ärzte	6013	11
14	Madonna	7362	11
15	Michael Jackson	9780	11
16	Deep Purple	10725	11
17	Fleetwood Mac	2077	10
18	Elton John	3408	10
19	Bruce Springsteen	5195	10
20	Supertramp	5217	10
21	Sting	5261	10
22	BAP	5590	10
23	Joe Cocker	6262	10
24	Abba	1900	9
25	Tina Turner	2882	9
26	AC/DC	3624	9
27	Prince	3633	9
28	The Cure	3780	9
29	Doors	3812	9
30	Peter Gabriel	5367	9
31	Bon Jovi	5506	9
32	Simple Minds	6047	9
33	Bee Gees	2429	8
34	Manfred Mann	2851	8
35	Tracy Chapman	3176	8
36	Gary Moore	4763	8
37	Phil Collins	7132	8
38	Bob Dylan	1457	7
39	Sweet	1606	7
40	ZZ Top	1877	7
41	Marillion	2215	7
42	Whitney Houston	2336	7
43	Mike Oldfield	2440	7
44	David Bowie	2562	7
45	Pet Shop Boys	3548	7
46	Simply Red	3647	7
47	Police	3903	7
48	Toten Hosen	4960	7
49	Kim Wilde	1272	6
50	CCR	1368	6

Die Original Top 1501

Platz	Titel	Gruppe
1	Stairway to heaven	Led Zeppelin
2	Wish you were here	Pink Floyd
3	Brothers in arms	Dire Straits
4	Satisfaction	Rolling Stones
5	We are the champions	Queen
6	Yesterday	Beatles
7	Brick in the wall	Pink Floyd
8	The look	Roxette
9	Let it be	Beatles
10	Smoke on the water	Deep Purple
11	In the air tonight	Collins, Phil
12	Eternal flame	Bangles
13	Like a prayer	Madonna
14	I want it all	Queen
15	Still loving you	Scorpions
16	Music	Miles, John
17	Bohemian rhapsody	Queen
18	Child in time	Deep Purple
19	Hotel California	Eagles
20	Lady in black	Uriah Heep
21	Hier kommt Alex	Toten Hosen
22	Angie	Rolling Stones
23	Carpet crawl	Genesis
24	Imagine	Lennon, John
25	Verdammt lang her	BAP
26	In the ghetto	Presley, Elvis
27	Sailing	Stewart, Rod
28	Help	Beatles
29	Sultans of Swing	Dire Straits
30	With a little help from my friends	Cocker, Joe
31	Thriller	Jackson, Michael
32	Jump	Van Halen
33	Sunday, bloody Sunday	U2
34	Hymn	BJH
35	Wonderful world	Armstrong, Louis
36	School	Supertramp
37	Halt mich	Grönemeyer, Herbert
38	Locomotive breath	Jethro Tull
39	Hey Jude	Beatles
40	Das Omen	Mysterious Art
41	Money for nothing	Dire Straits
42	Belfast child	Simple Minds
43	Pride	U2
44	If you don't know me by now	Simply Red
45	Born to be wild	Steppenwolf
46	Hey Joe	Hendrix, Jimi
47	The way to your heart	Soulsister
48	Born in the USA	Springsteen, Bruce
49	Bridge over troubled water	Simon & Garfunkel
50	We will rock you	Queen
51	Männer	Grönemeyer, Herbert

52	Twist in my sobriety	Tikaram, Tanita
53	Salsbury Hill	Gabriel, Peter
54	Looking for freedom	Hasselhoff, David
55	Samba Pa Ti	Santana
56	San Francisco	Scott McKenzie
57	Russians	Sting
58	Paradise city	Guns'n Roses
59	Americanos	Johnson, Holly
60	Mama	Genesis
61	Don't you	Simple Minds
62	Final Countdown	Europe
63	Boxer	Simon & Garfunkel
64	Shine on you crazy diamond	Pink Floyd
65	Westerland	Ärzte
66	Holiday	Scorpions
67	Every breath you take	Police
68	With or without you	U2
69	Bad	Jackson, Michael
70	Relax	FGTH
71	Tainted love	Soft Cell
72	Revolution	Chapman, Tracy
73	Summer of '69	Adams, Bryan
74	Flugzeuge im Bauch	Grönemeyer, Herbert
75	Sound of silence	Simon & Garfunkel
76	Runaway	Jovi, Bon
77	Time	Pink Floyd
78	Don't worry, be happy	McFerrin, Bobby
79	Bobby Brown	Zappa, Frank
80	River	Springsteen, Bruce
81	It's a sin	Pet Shop Boys
82	New York, New York	Sinatra, Frank
83	Sweet home Alabama	Lynyrd Skynyrd
84	Down under	Men At Work
85	Sealed with a kiss	Donovan, Jason
86	Lady in red	De Burgh, Chris
87	Dirty Diana	Jackson, Michael
88	Straight up	Abdul, Paula
89	I want to know what love is	Foreigner
90	Money	Pink Floyd
91	Baby love	Mother's Finest
92	Lullaby	The Cure
93	She drives me crazy	FYC
94	Look of love	ABC
95	Kayleigh	Marillion
96	Radar love	Golden Earring
97	Manchild	Cherry, Neneh
98	Sledgehammer	Gabriel, Peter
99	Good thing	FYC
100	April	Deep Purple
101	Love is a shield	Camouflage
102	Beds are burning	Midnight Oil
103	Empty rooms	Moore, Gary
104	Zu spät	Ärzte
105	My generation	Who

106	Lola	Kinks
107	Mandy	Manilow, Barry
108	Land of confusion	Genesis
109	Seasons in the sun	Jacks, Terence
110	Me and Bobby McGee	Joplin, Janis
111	Careless whisper	Michael, George
112	Unchain my heart	Cocker, Joe
113	Whole lotta love	Led Zeppelin
114	I was made for loving you	Kiss
115	Stop	Brown, Sam
116	Ferry 'cross the Mersey	The Christians
117	A whiter shade of pale	Procul Harum
118	I still haven't found what I'm looking for	U2
119	Here I go again	Whitesnake
120	Purple rain	Prince
121	First time	Beck, Robin
122	Express yourself	Madonna
123	Für immer	Warlock
124	Surfin' USA	Beach Boys
125	Davy's on the road again	Mann, Manfred
126	Walk of life	Dire Straits
127	When the children cry	White Lion
128	Billie Jean	Jackson, Michael
129	I am what I am	Gaynor, Gloria
130	Livin' on a prayer	Jovi, Bon
131	Wonderful tonight	Clapton, Eric
132	Jailhouse Rock	Presley, Elvis
133	Funky cold medina	Tone Loc
134	We are the world	USA For Africa
135	Hard to say I'm sorry	Chicago
136	I've had the time of my life	Medley, Bill
137	Stand by me	King, Ben E.
138	Ain't nobody	Khan, Chaka
139	Telegraph road	Dire Straits
140	Take on me	Aha
141	Wonderful world	Cooke, Sam
142	Beat it	Jackson, Michael
143	The power of love	FGTH
144	House of the rising sun	Animals
145	California dreamin'	The Mamas & The Papas
146	An Englishman in New York	Sting
147	I love rock'n roll	Jett, Joan
148	Dust in the wind	Kansas
149	Riders on the storm	Doors
150	Kristallnacht	BAP
151	Wuthering heights	Bush, Kate
152	Nights in white satin	Moody Blues
153	Sympathy for the devil	Rolling Stones
154	Rock around the clock	Haley, Bill
155	T.N.T.	AC/DC
156	Private dancer	Turner, Tina
157	Roxanne	Police
158	Black magic woman	Santana
159	Sweet child o'mine	Guns'n Roses

160	Penny Lane	Beatles
161	One moment in time	Houston, Whitney
162	Urgent	Foreigner
163	Vollmond	Grönemeyer, Herbert
164	Biko	Gabriel, Peter
165	Friday on my mind	Moore, Gary
166	Always on my mind	Pet Shop Boys
167	Love hurts	Nazareth
168	I'll be there for you	Jovi, Bon
169	Through the barricades	Spandau Ballet
170	Bitte, bitte	Ärzte
171	When a man loves a woman	Sledge, Percy
172	Forever young	Alphaville
173	I want out	Helloween
174	One	Metallica
175	Sebastian	Harley, S. & Cockne, W.
176	Man in the mirror	Jackson, Michael
177	Africa	Toto
178	Tausend gute Gründe	Toten Hosen
179	Fade to grey	Visage
180	A groovy kind of love	Collins, Phil
181	Kowalski	PUR
182	End	Doors
183	Eye of the tiger	Survivor
184	Downtown	Clark, Petula
185	Was soll das	Grönemeyer, Herbert
186	Nutbush city limits	Turner, Ike & Tina
187	Holding back the years	Simply Red
188	Musica é	Ramazzotti, Eros
189	Juke box hero	Foreigner
190	Marmor, Stein und Eisen bricht	Deutscher, Drafi
191	Father and son	Stevens, Cat
192	Help	Bananarama
193	Woman	Lennon, John
194	Samuraj	De Angelo, Nino
195	No woman no cry	Marley, Bob
196	Morning has broken	Stevens, Cat
197	In-a-gadda-da-vida	Iron Butterfly
198	Highway to hell	AC/DC
199	Heroes	Bowie, David
200	Breakfast in America	Supertramp
201	Moonlight shadow	Oldfield, Mike
202	Musik nur wenn sie laut ist	Grönemeyer, Herbert
203	Twist and shout	Beatles
204	Relight my fire	Hartman, Dan
205	Baker Street	Rafferty, Gerry
206	Take a walk on the wild side	Reed, Lou
207	I don't like Mondays	Boomtown Rats
208	Mull of Kintyre	Wings
209	Against all odds	Collins, Phil
210	This is your land	Simple Minds
211	I'm going home	Ten Years After
212	Hiroshima	Wishful Thinking
213	Born to be my baby	Jovi, Bon

214	I'm not in love	10 CC
215	Light my fire	Doors
216	La isla bonita	Madonna
217	Spaceman	De Burgh, Chris
218	More than a feeling	Boston
219	All we are	Warlock
220	Logical song	Supertramp
221	Sweet dreams	Eurythmics
222	Blueprint	Rainbirds
223	After the war	Moore, Gary
224	Life is life	Opus
225	Big city nights	Scorpions
226	Rhythm of love	Scorpions
227	Everybody needs somebody to love	Blues Brothers
228	Message in a bottle	Police
229	Everything counts	Depeche Mode
230	I will survive	Gaynor, Gloria
231	Flashdance	Cara, Irene
232	Future world	Helloween
233	Layla	Derek & The Dominos
234	Wonderful life	Black
235	In the year 2525	Zager & Evans
236	La grange	ZZ Top
236	Julia	Pavlov's Dog
237	Wheel in the sky	Journey
238	Boys don't cry	The Cure
239	Over the hills	Moore, Gary
240	Baby can I hold you	Chapman, Tracy
241	Here comes the sun	Beatles
242	If you want to sing out sing out	Stevens, Cat
243	Tell it like it is	Johnson, Don
244	All along the watch tower	Hendrix, Jimi
245	Romeo and Juliet	Dire Straits
246	Comfortably numb	Pink Floyd
247	Hells bells	AC/DC
248	Wild boys	Duran Duran
249	Blaue Augen	Ideal
250	Around my heart	Sandra
251	Miss you like crazy	Cole, Natalie
252	Yellow submarine	Beatles
253	Something's gotten hold of my heart	Almond, Marc
254	No milk today	Herman's Hermits
255	Heart of gold	Young, Neil
256	Bring me some water	Etheridge, Melissa
257	Wild thing	Tone Loc
258	Moon over Bourbon Street	Sting
259	Honky tonk woman	Rolling Stones
260	Up where we belong	Cocker, Joe
261	Bochum	Grönemeyer, Herbert
262	Pour some sugar on me	Def Leppard
263	Smooth criminal	Jackson, Michael
264	A horse with no name	America
265	Let the sunshine in	5th Dimension
266	Hey you	Scorpions

267	Kiss	Prince
268	Kokomo	Beach Boys
269	Horizont	Lindenberg, Udo
270	People are people	Depeche Mode
271	Living years	Mike & The Mechanics
272	Hunting high and low	Aha
273	They dance alone	Sting
274	She's like the wind	Swayze, Patrick
275	Bat out of hell	Meat Loaf
276	Elke	Ärzte
277	Love me tender	Presley, Elvis
278	Electric youth	Gibson, Debbie
279	Out in the fields	Moore, Gary
280	You win again	Bee Gees
281	Love cats	The Cure
282	Massachussetts	Bee Gees
283	The voice	Farnham, John
284	Jumpin' jack flash	Rolling Stones
285	Adesso tu	Ramazzotti, Eros
287	Black Betty	Ram Jam
288	Mighty quinn	Mann, Manfred
289	All night long	Richie, Lionel
290	König von Deutschland	Reiser, Rio
291	I just called to say I love you	Wonder, Stevie
292	Josephine	Rea, Chris
293	White room	Cream
294	Celebration	Kool & The Gang
295	Sign your name	Trent D'Arby, Terence
296	Fragile	Sting
297	Highway star	Deep Purple
298	Dream on	Nazareth
299	Teenager-Liebe	Ärzte
300	She loves you	Beatles
301	Invisible touch	Genesis
302	Mandela day	Simple Minds
303	Ride to Agadir	Batt, Mike
304	Pinball wizzard	Who
305	Last unicorn	America
306	You are so beautiful	Cocker, Joe
307	Follow you, follow me	Genesis
308	Owner of a lonely heart	Yes
309	Do kanns zaubre	BAP
310	Mercedes Benz	Joplin, Janis
311	Alive and kicking	Simple Minds
312	Paranoid	Black Sabbath
313	Ella, elle l'a	Gall, France
314	Jupp	BAP
315	I just died in your arms	Cutting Crew
316	Whiskey in the jar	Thin Lizzy
317	39	Queen
318	You got it	Orbison, Roy
319	Ich lieb dich überhaupt nicht mehr	Lindenberg, Udo
320	Lollipop	Chordettes
321	Can't stop loving you	Jackson, Michael

376	Bright eyes	Garfunkel, Art
377	Bad medicine	Jovi, Bon
378	Ballroom blitz	Sweet
379	1001 Nacht	Lage, Klaus
380	Suzanne	Cohen, Leonard
381	Self control	Branigan, Laura
382	Year of the cat	Stewart, Al
383	Come on Eileen	Dexys Midnight Runners
384	Don't let me be misunderstood	Santa Esmeralda
385	Changes	Yes
386	Power of love	Lewis, Huey
387	Sunshine of your love	Cream
388	Sexual healing	Gaye, Marvin
389	Forever your girl	Abdul, Paula
390	Am Fenster	City
391	Cello	Lindenberg, Udo
392	Sweet sixteen	Idol, Billy
393	Rockin' all over the world	Status Quo
394	Voyage voyage	Desireless
395	1999	Prince
396	Kinder an die Macht	Grönemeyer, Herbert
397	Jenny	Falco
398	Macho Macho	Fendrich, Rainhard
399	Lucky man	ELP
400	Sittin' on the dock of the bay	Redding, Otis
401	Orinoco Flow	Enya
402	We don't need another hero	Turner, Tina
403	Especially for you	Minogue, Kylie
404	Graceland	Simon, Paul
405	Candle in the wind	John, Elton
406	Soul food to go	Manhattan Transfer
407	Easy livin'	Uriah Heep
408	Blowin' in the wind	Dylan, Bob
409	Boat on the river	Styx
410	Such a shame	Talk Talk
411	Supper's ready	Genesis
412	You really got me	Kinks
413	Johnny B.	Hooters
414	Fantasy	Earth, Wind & Fire
415	My baby just cares for me	Simone, Nina
416	Smooth operator	Sade
417	Without you	Nilsson
418	Cherish	Kool & The Gang
419	Hand on your heart	Minogue, Kylie
420	Dreadlock holiday	10 CC
421	September	Earth, Wind & Fire
422	Rock on	Damian, Michael
423	Who wants to live forever	Queen
424	Little lies	Fleetwood Mac
425	Save up all your tears	Beck, Robin
426	Dancin' forever	T. H. P.
427	Carrie	Europe
428	Eve of destruction	McGuire, Barry
429	Gamma ray	Birth Control

430	School's out	Cooper, Alice
431	Alphabet Street	Prince
432	Axel F.	Faltermeyer, Harold
433	It's all over now baby blue	Them
434	Echoes	Pink Floyd
435	Voices	Ballard, Russ
436	Words	Bee Gees
437	One of these days	Pink Floyd
438	China girl	Bowie, David
439	Upside down	Ross, Diana
440	99 Luftballons	Nena
441	Killing me softly with his song	Flack, Roberta
442	Caravan of love	Housemartins
443	Bad	U2
444	Nikita	John, Elton
445	So lonely	Police
446	My oh my	Slade
447	Deja vu	Spliff
448	Brown Sugar	Rolling Stones
449	Skandal im Sperrbezirk	Spider Murphy Gang
450	Paint it black	Rolling Stones
451	In the army now	Status Quo
452	Wild wild west	Escape Club
453	Turn me loose	Loverboy
454	Geschwisterliebe	Ärzte
455	It's only love	Simply Red
456	On the beach	Rea, Chris
457	My way	Sinatra, Frank
458	All at once	Houston, Whitney
459	I drove all night	Lauper, Cyndi
460	I don't want a lover	Texas
461	It's raining again	Supertramp
462	Under my thumb	Rolling Stones
463	Song for guy	John, Elton
464	Y. M. C. A.	Village People
465	Hot love	T. Rex
466	Great gig in the sky	Pink Floyd
467	A forest	The Cure
468	Blinded by the light	Mann, Manfred
469	Let's dance	Bowie, David
470	When I was young	Burdon, Eric
471	Two tribes	FGTH
472	I'll find my way home	Vangelis
473	Ich liebe dich	Clowns & Helden
474	Diana	Anka, Paul
475	You can't hurry love	Collins, Phil
476	Every rose has it's thorn	Poison
477	Monday Monday	The Mamas & The Papas
478	Eloise	Ryan, Barry
479	Buffalo stance	Cherry, Neneh
480	Funkelperlenaugen	PUR
481	Lucifer	Alan Parsons Project
482	Mystify	INXS
483	Albatross	Fleetwood Mac

484	Fire	Springsteen, Bruce
485	Born to run	Springsteen, Bruce
486	Psycho killer	Talking Heads
487	Perfect stranger	Deep Purple
488	Summer in the city	Lovin' Spoonful
489	Tubular bells	Oldfield, Mike
490	Wind him up	Saga
491	Let's spend the night together	Rolling Stones
492	Maid of Orleans	OMD
493	Red rain	Gabriel, Peter
494	Stay on these roads	Aha
495	Room with a view	Carey, Tony
496	Movie Star	Harpo
497	Time machine	Beggars Opera
498	Get back	Beatles
499	Time after time	Lauper, Cyndi
500	25 or 6 to 4	Chicago
501	Michelle	Beatles
502	One more night	Collins, Phil
503	Cinderella	Williams, Geoffrey
504	All right now	Free
505	Fox on the run	Sweet
506	Don't pay the ferryman	De Burgh, Chris
507	Country roads	Denver, John
508	Sign of the times	Prince
509	The loner	Moore, Gary
510	Radio ga ga	Queen
511	Learning to fly	Pink Floyd
512	Dead or alive	Jovi, Bon
513	Pretty woman	Orbison, Roy
514	Eyes without a face	Idol, Billy
515	Ave Maria	Rush, Jennifer
516	Dicke	Westernhagen
517	Give it a try	Bonfire
518	Run to you	Adams, Bryan
519	Touch too much	AC/DC
520	Honesty	Joel, Billy
521	Amadeus	Falco
522	Celebrate youth	Springfield, Rick
523	Raven	Alan Parsons Project
524	Is this love	Whitesnake
525	Small town boy	Bronski Beat
526	Proud Mary	CCR
527	It's raining men	Weather Girls
528	Fortsetzung folgt	BAP
529	Fast car	Chapman, Tracy
530	Big in Japan	Alphaville
531	As tears go by	Rolling Stones
532	You've got a friend	King, Carole
533	Some people	Richard, Cliff
534	Turn the page	Seger, Bob
535	You give love a bad name	Jovi, Bon
536	Crockett's theme	Hammer, Jan
537	La vie en rose	Jones, Grace

538	Into the groove	Madonna
539	Baby Jane	Stewart, Rod
540	Major Tom	Schilling, Peter
541	Vienna	Ultravox
542	When the music is over	Doors
543	Spring love	Stevie B.
544	Don't you love me anymore	Cocker, Joe
545	Another one bites the dust	Queen
546	Baba O'Reily	Who
547	Rock you like a hurricane	Scorpions
548	Like a virgin	Madonna
549	Love me do	Beatles
550	Our house	Madness
551	Holding out for a hero	Tyler, Bonnie
552	Glory of love	Cetera, Peter
553	While my guitar gently weeps	Beatles
554	Will you	O'Connor, Hazel
555	Rosanna	Toto
556	Ohne dich	Ärzte
557	Babooshka	Bush, Kate
558	Heart	Pet Shop Boys
559	My name is Luka	Vega, Suzanne
560	Wouldn't it be good	Kershaw, Nik
561	Scarborough Fair	Simon & Garfunkel
562	Words	David, F. R
563	I wanna dance with somebody	Houston, Whitney
564	I'm on fire	Springsteen, Bruce
565	Burli	EAV
566	Headless cross	Black Sabbath
567	Fool on the hill	Beatles
568	Driver's seat	Sniff'n The Tears
569	Me and Mrs. Jones	Morris, Sarah. Jane
570	Spread your wings and fly away	Queen
571	Only you	Platters
572	Secret land	Sandra
573	I want your sex	Michael, George
574	Hand in hand	Koreana
575	Dancing with tears in my eyes	Ultravox
576	Gimme all your lovin'	ZZ Top
577	Stay	Browne, Jackson
578	Patricia the stripper	De Burgh, Chris
579	Alkohol	Grönemeyer, Herbert
580	Europa	Santana
581	Burning down the house	Talking Heads
582	Let me go	Heaven 17
583	Love is a battlefield	Benatar, Pat
584	You can leave your hat on	Cocker, Joe
585	Lead me on	Grant, Amy
586	Jessica	Allman Brothers
587	In the mood	Miller, Glenn
588	Marliese	Fischer-Z
589	Wake me up before you go go	Wham!
590	Welcome to the pleasuredome	FGTH
591	Maggie May	Stewart, Rod

592	Laß uns leben	Westernhagen
593	Domino dancing	Pet Shop Boys
594	Five miles out	Oldfield, Mike
595	Being boiled	Human League
596	Is everybody happy	Hasselhoff, David
597	Satisfied	Marx, Richard
598	Once in a lifetime	Talking Heads
599	Maria Magdalena	Sandra
600	Why can't this be love	Van Halen
601	I'm a man	Chicago
602	Free bird	Lynyrd Skynyrd
603	Teardrops	Womack & Womack
604	You came	Wilde, Kim
605	Live to tell	Madonna
606	Passenger	Pop, Iggy
607	Liberian girl	Jackson, Michael
608	Like the way I do	Etheridge, Melissa
609	Who made who	AC/DC
610	Hold the line	Toto
611	Garden party	Mezzaforte
612	It never rains in southern California	Hammond, Albert
613	Stay	Bianco, Bonnie
614	Vincent	McLean, Don
615	Reality	Sanderson, Richard
616	Paradise is here	Turner, Tina
617	Peggy Sue	Holly, Buddy
618	I want to break free	Queen
619	A day in the life	Beatles
620	Jeans on	Dundas, David
621	Slow song	Jackson, Joe
622	Schifoan	Ambros, Wolfgang
623	Mit Gott	Grönemeyer, Herbert
624	I like Chopin	Gazebo
625	Latin lover	Nannini, Gianna
626	Islands	Oldfield, Mike
627	Always somewhere	Scorpions
628	Black night	Deep Purple
629	Der Eisbär	Grauzone
630	Holiday	Madonna
631	Like a rolling stone	Dylan, Bob
632	One night in Bangkok	Head, Murray
633	Living in a box	Living In A Box
634	Je t'aime	Birkin, Jane
635	Hey tonight	CCR
636	Hold me now	Logan, Johnny
637	Don't stop me now	Queen
638	Blue jean blues	ZZ Top
639	Need you tonight	INXS
640	Lessons in love	Level 42
641	Loco in Acapulco	Four Tops
642	Rivers of Babylon	Boney M.
643	West end girls	Pet Shop Boys
644	Solo con te	Ramazzott, Eros
645	Private Investigations	Dire Straits

646	Like a mountain	Soulsister
647	Desire	U2
648	Faith	Michael, George
649	Heart of glass	Blondie
650	Kiss	Jones, Tom
651	Angel of Harlem	U2
652	Hysteria	Def Leppard
653	I can't stand the rain	Turner, Tina
654	Come into my life	Sims, Joyce
655	Eisgekühlter Bommerlunder	Toten Hosen
656	Crying	Vixen
657	On the turning away	Pink Floyd
658	Put your head on my shoulder	Anka, Paul
659	Somebody to love	Queen
660	Let's do the twist	Fat Boys
661	The winner takes it all	Abba
662	Donna	Valens, Richie
663	Last time	Rolling Stones
664	Paradise by the dashboard light	Meat Loaf
665	What's love got to do with it	Turner, Tina
666	Still of the night	Whitesnake
667	My brave face	McCartney, Paul
668	Red red wine	UB 40
669	Rebel yell	Idol, Billy
670	Greatest love of all	Houston, Whitney
671	Gold	Spandau Ballet
672	Go your own way	Fleetwood Mac
673	Dressed for success	Roxette
674	I shot the sheriff	Clapton, Eric
675	I heard it through the grapevine	Gaye, Marvin
676	A question of lust	Depeche Mode
677	All I want is you	U2
678	Revolution	Beatles
679	Road to nowhere	Talking Heads
680	The witch	Rattles
681	Tunnel of love	Dire Straits
682	You took the words right out of my mouth	Meat Loaf
683	War	Springsteen, Bruce
684	Papa don't preach	Madonna
685	Keep on moving	Soul II Soul
686	Keep on loving you	REO Speedwagon
687	If you love somebody set them free	Sting
688	Bad moon rising	CCR
689	Ashes to ashes	Bowie, David
690	Missing you	De Burgh, Chris
691	Heartbeat	Johnson, Don
692	Carry on	Manowar
693	Bello e impossibile	Nannini, Gianna
694	Bist du taub	Grönemeyer, Herbert
695	Alabama song	Doors
696	Woman in love	Streisand, Barbra
697	Nothing's gonna stop us now	Starship
698	Manic Monday	Bangles
699	Girls just want to have fun	Lauper, Cyndi

700	Beast of burden	Midler, Bette
701	Broken Wings	Mr. Mister
702	Never gonna give you up	Astley, Rick
703	Nightshift	Commodores
704	Magic bus	Who
705	Suburbia	Pet Shop Boys
706	Venus	Shocking Blue
707	Hush	Deep Purple
708	L.A. woman	Doors
709	Drive	Cars
710	Lady madonna	Beatles
711	Poor boy	Lords
712	Whole lotta rosie	AC/DC
713	The way it is	Hornsby, Bruce
714	The lamb lies down on broadway	Genesis
715	The wind cries Mary	Hendrix, Jimi
716	Two people	Turner, Tina
717	Sergeant Pepper's lonely Heart's Club Band	Beatles
718	Girl you know it's true	Vanilli, Milli
719	Knockin' on heaven's door	Dylan, Bob
720	Don't be cruel	Presley, Elvis
721	Cruel summer	Bananarama
722	Illusion	Imagination
723	Keep on running	Spencer Davis Group
724	Mit meinen Augen	Lage, Klaus
725	You make me feel	Bonfire
726	True love	Crosby, Bing & G. Kelly
727	Sorry seems to be the hardest word	John, Elton
728	Baby don't forget my number	Vanilli, Milli
729	All you Zombies	Hooters
730	Home by the sea	Genesis
731	Last Christmas	Wham!
732	Dancing in the dark	Springsteen, Bruce
733	Cry baby	Joplin, Janis
734	Fatal day	Teenage Brain Surgeon
735	High	Halliday, David
736	Nur geträumt	Nena
737	Purple haze	Hendrix, Jimi
738	Time warp	Little Nell
739	Turbo lover	Judas Priest
740	Tougher than the rest	Springsteen, Bruce
741	Never trust a stranger	Wilde, Kim
742	Neue Männer braucht das Land	Deter, Ina
743	Suzie Q	CCR
744	The wanderer	Dion
745	The unforgetable fire	U2
746	Musical box	Genesis
747	Ordinary lives	Bee Gees
748	Da da da	Trio
749	It's a game	McKeown, Les
750	Komet	Grönemeyer, Herbert
751	Batdance	Prince
752	Don't go	Yazoo
753	Daniel	John, Elton

754	Toccata	Sky
755	Script for a jester's tear	Marillion
756	Master of puppets	Metallica
757	Number of the beast	Iron Maiden
758	No one like you	Scorpions
759	Push it	Salt'n Pepa
760	Passion rules the game	Scorpions
761	We built this city	Starship
762	Father figure	Michael, George
763	Diamonds are a girl's best friend	Monroe, Marilyn
764	In the summertime	Jerry, Mungo
765	Bis zum bitteren Ende	Toten Hosen
766	Centerfold	J.Geils Band
767	Flieger	De Angelo, Nino
768	Gypsy	Uriah Heep
769	There must be an angel	Eurythmics
770	P-machinery	Propaganda
771	Mannish boy	Muddy Waters
772	My sweet lord	Harrison, George
773	Tonight tonight tonight	Genesis
774	Tobacco road	Burdon, Eric
775	Room to move	Mayall, John
776	Ride like the wind	Cross, Christopher
777	Schatten an der Wand	Neigel, Jule
778	Gimme shelter	Rolling Stones
779	Good vibrations	Beach Boys
780	Cocaine	Cale, J.J
781	Hungry eyes	Carmen, Eric
782	Island in the sun	Belafonte, Harry
783	Heartbreak hotel	Presley, Elvis
784	Get it on	T. Rex
785	Metal heart	Accept
786	New Year's Day	U2
787	Oh well	Fleetwood Mac
788	Sailing away	De Burgh, Chris
789	Yellow Christian	It Bites
790	Roll over Beethoven	Berry, Chuck
791	Blueberry hill	Fats Domino
792	Blow the house down	Living In A Box
793	Night fever	Bee Gees
794	Can I play with madness	Iron Maiden
795	Killer queen	Queen
796	Time	MSG
797	51st state	New Model Army
798	Poor man's moody blues	BJH
799	See you later Alligator	Haley, Bill
800	Sexy thing	Hot Chocolate
801	Send me an angel	Real Life
802	Why can't I be you	The Cure
803	True colours	Lauper, Cyndi
804	You can call me Al	Simon, Paul
805	You're the inspiration	Chicago
806	Footlose	Loggins, Kenny
807	Free	Wonder, Stevie

862	This flight tonight	Nazareth
863	Won't get fooled again	Who
864	Time is on my side	Rolling Stones
865	If looks could kill	Heart
866	La bamba	Valens, Richie
867	Gloria	U2
868	Amanda	Boston
869	Du hattest keine Träne mehr	Maffay, Peter
870	Cambodia	Wilde, Kim
871	Der Tod	EAV
872	Bad company	Bad Company
873	Frederic	Smith, Patti
874	Future world	Pretty Maids
875	For you	Mann, Manfred
876	Je ne regrette rien	Piaf, Edith
877	When I'm 64	Beatles
878	Mandala	Oldfield, Sally
879	Leave me alone	Jackson, Michael
880	Im nin alu	Haza, Ofra
881	Bicycle race	Queen
882	Barracuda	Heart
883	On the road again	Canned Heat
884	Wild frontier	Moore, Gary
885	London calling	Clash
886	Norwegian wood	Beatles
887	Let the music play	Shannon
888	You're so vain	Simon, Carly
889	Proud Mary	Turner, Ike & Tina
890	Fame	Cara, Irene
891	Edelweiß	Edelweiß
892	It's now or never	Presley, Elvis
893	Just like heaven	The Cure
894	July morning	Uriah Heep
895	Altbierlied	Toten Hosen
896	Animal	Def Leppard
897	Bourée	Jethro Tull
898	Getaway	De Burgh, Chris
899	Sharp dressed man	ZZ Top
900	San Franciscan nights	Burdon, Eric
901	When doves cry	Prince
902	Wort zum Sonntag	Toten Hosen
903	Strangers in the night	Sinatra, Frank
904	Long and winding road	Beatles
905	You are the one	Aha
906	Genug ist nicht genug	Wecker, Konstantin
907	Ganz und gar	Westernhagen
908	Es lebe der Zentralfriedhof	Ambros, Wolfgang
909	Do they know it's Christmas	Band Aid
910	A whiter shade of pale	Doro
911	Le freak	Chic
912	Diamonds on the soles of...	Simon, Paul
913	Hard woman	Jagger, Mick
914	Okay	Okay
915	Ohne dich	Münchner Freiheit

916	We'll be together	Sandra
917	Waiting for a girl like you	Foreigner
918	Mr. tambourine man	Byrds
919	Never let me down again	Depeche Mode
920	This is not a love song	PIL
921	Tell it to my heart	Dayne, Taylor
922	Spanish caravan	Doors
923	Rock'n roll music	Beatles
924	Perfect	Fairground Attraction
925	Heat of the moment	Asia
926	High on emotion	De Burgh, Chris
927	I'm still standing	John, Elton
928	Ain't no sunshine	Withers, Bill
929	I maschi	Nannini, Gianna
930	Yeke yeke	Kante, Mory
931	One of these nights	Eagles
932	This corrosion	Sisters Of Mercy
933	Missing you	Waite, John
934	Salty dog	Procul Harum
935	Twisting by the pool	Dire Straits
936	Wig wam bam	Sweet
937	Death of a clown	Davies, Dave
938	Great commandment	Camouflage
939	Anarchy in the U.K.	Sex Pistols
940	Friday on my mind	Easybeats
941	Goldfinger	Bassey, Shirley
942	God save the Queen	Sex Pistols
943	Guilty	Streisand, Barbra
944	Carbonara	Spliff
945	Too old to rock'n roll too young...	Jethro Tull
946	Say you will	Foreigner
947	Stay the night	Chicago
948	Sweet little sixteen	Berry, Chuck
949	Master and servant	Depeche Mode
950	Mercy Street	Gabriel, Peter
951	So far away	Dire Straits
952	Take five	Jarreau, Al
953	Sea of time	Rainbirds
954	Voodoo chile	Hendrix, Jimi
955	White rabbit	Jefferson Airplane
956	Lady D'Arbanville	Stevens, Cat
957	I want your love	Transvision Vamp
958	I'm a believer	Monkees
959	Berlin	Ideal
960	Berlin	Fischer-Z
961	Child of the universe	BJH
962	Co-co	Sweet
963	Close to me	The Cure
964	Celebrate the world	Womack & Womack
965	Fugazzi	Marillion
966	Face to face	Townshend, Pete
967	Faith healer	Harvey, Alex
968	Don't stop at the top	Scorpions
969	La pulce d'acqua	Branduardi, Angelo

970	True faith	New Order
971	Voices of Babylon	Outfield
972	Temptation	Heaven 17
973	Singing in the rain	Kelly, Gene
974	Mountains o' things	Chapman, Tracy
975	Rapper's delight	Sugarhill Gang
976	S.O.S.	Abba
977	Love train	Johnson, Holly
978	Street cafe	Icehouse
979	Sonderzug nach Pankow	Lindenberg, Udo
980	In your eyes	Gabriel, Peter
981	Hide in your shell	Supertramp
982	Eye in the sky	Alan Parsons Project
983	Bette Davis eyes	Carnes, Kim
984	Die Tänzerin	Meinecke, Ulla
985	Didn't we almost have it all	Houston, Whitney
986	Couldn't get it right	Climax Blues Band
987	Don't kill the wale	Yes
988	Where peaceful waters flow	De Burgh, Chris
989	Twilight zone	Golden Earring
990	The dead heart	Midnight Oil
991	The air that I breathe	Hollies
992	Spiel mir das Lied vom Tod	Morricone, Ennio
993	Lies	Mann, Manfred
994	Running up that hill	Bush, Kate
995	Puff the magic dragon	Peter, Paul & Mary
996	Modern girl	Meat Loaf
997	Mein Freund, der Baum	Alexandra
998	Fool's ouverture	Supertramp
999	Fürstenfeld	STS
1000	Hurricane	Dylan, Bob
1001	Chirpy Chirpy Cheep Cheep	Middle of the Road
1002	Civilized man	Cocker, Joe
1003	A kind of magic	Queen
1004	Don't stop	Fleetwood Mac
1005	Don't answer me	Alan Parsons Project
1006	Speedy Gonzales	Boone, Pat
1007	True	Spandau Ballet
1008	Lucy in the sky with diamonds	Beatles
1009	Love somebody	Springfield, Rick
1010	Let it be	Ferry Aid
1011	Shake the disease	Depeche Mode
1012	Rainbow eyes	Rainbow
1013	Rock and roll	Led Zeppelin
1014	She's leaving home	Beatles
1015	She's a rainbow	Rolling Stones
1016	Silence is golden	Tremeloes
1017	Stayin' alive	Bee Gees
1018	Believe in love	Scorpions
1019	A word in Spanish	John, Elton
1020	In the Dutch mountains	Nits
1021	Kissing a fool	Michael, George
1022	Lazy Sunday	Small Faces
1023	How will I know	Houston, Whitney

1024	Camarillo Brillo	Zappa, Frank
1025	Eagle	Abba
1026	Good times	Burdon, Eric
1027	Don't break my heart	Harrow, Den
1028	Cat people	Bowie, David
1029	Una festa sui prati	Celentano, Adriano
1030	Too late for love	Def Leppard
1031	The world outside your window	Tikaram, Tanita
1032	Sugar sugar	Archies
1033	Missionary man	Eurythmics
1034	Just around the corner	Robin, Cock
1035	Inbetween days	The Cure
1036	At the dark side of the moon	Pink Floyd
1037	Here I am	Dominoe
1038	Doctor doctor	UFO
1039	Everything's coming up roses	Black
1040	Heaven is a place on earth	Carlisle, Belinda
1041	Bolero	Ravel
1042	Keep me hangin' on	Wilde, Kim
1043	Karl der Käfer	Gänsehaut
1044	Küß die Hand schöne Frau	EAV
1045	Memory	Streisand, Barbra
1046	Sittin' in the dark	Mas, Carolyne
1047	The re-flex	Duran Duran
1048	Think	Franklin, Aretha
1049	Requiem	London Boys
1050	Rent	Pet Shop Boys
1051	Piano man	Joel, Billy
1052	Sehnsucht	Purple Schulz
1053	Wellenreiter	BAP
1054	When will I be famous	Bros
1055	Sugar baby love	Rubettes
1056	Nobody's fool	Cinderella
1057	I got you Babe	Sonny & Cher
1058	It ain't necessarily so	Bronski Beat
1059	All my loving	Beatles
1060	Big log	Plant, Robert
1061	Berlin	BJH
1062	Garden party	Marillion
1063	Fernando	Abba
1064	Eiszeit	Maffay, Peter
1065	Come to my aid	Simply Red
1066	Das Würfelspiel	Werding, Juliane
1067	Heartseeker	AC/DC
1068	Firth of fifth	Genesis
1069	After midnight	Clapton, Eric
1070	A walk in the park	Straker, Nick
1071	Hello	Richie, Lionel
1072	Ich hab dich lieb	Lage, Klaus
1073	Ich glotz TV	Hagen, Nina
1074	I don't want to talk about it	Stewart, Rod
1075	Sister moon	Sting
1076	When tomorrow comes	Eurythmics
1077	Waterloo sunset	Kinks

1078	Self control	Raff
1079	Route 66	Rolling Stones
1080	13 Tage	Schweizer
1081	You to me are everything	Real Thing
1082	Time in a bottle	Croce, Jim
1083	Who's that girl	Eurythmics
1084	The trial	Pink Floyd
1085	Sugar baby	Kraus, Peter
1086	Lay your hands on me	Jovi, Bon
1087	I don't care anymore	Collins, Phil
1088	I'm so excited	Pointer Sisters
1089	Back in the USSR	Beatles
1090	Goodnight Saigon	Joel, Billy
1091	Etienne	Patti, Guesch
1092	Crazy for you	Madonna
1093	Glory days	Springsteen, Bruce
1094	A new flame	Simply Red
1095	Baby come back	Equals
1096	As time goes by	Wilson, Dooley
1097	Incommunicado	Marillion
1098	Knowing me, knowing you	Abba
1099	SDI	Bonfire
1100	Stargazer	Rainbow
1101	The pusher	Steppenwolf
1102	We love you	Rolling Stones
1103	Reach out	Moroder, Giorgio
1104	Riding on a train	Pasadenas
1105	Mockingbird	BJH
1106	Nineteen	Hardcastle, Paul
1107	Waiting for the sun	Doors
1108	Streetlife	Crusaders
1109	Horoscope	Harpo
1110	I feel free	Cream
1111	Higher love	Winwood, Steve
1112	Heavy horses	Jethro Tull
1113	Es lebe der Sport	Fendrich, Rainhard
1114	Do you really want to hurt me	Culture Club
1115	Be my baby	Ronettes
1116	Catch the rainbow	Rainbow
1117	Do you feel like we do	Frampton, Peter
1118	Four letter word	Wilde, Kim
1119	Going home	Dire Straits
1120	Find my love	Fairground Attraction
1121	Here comes the rain	Eurythmics
1122	I wanna be loved by you	Monroe, Marilyn
1123	Hotel room	Broughton, Edgar
1124	On the border	Stewart, Al
1125	Ticket to ride	Beatles
1126	Street fighting years	Simple Minds
1127	United	Judas Priest
1128	Love machine	Supermax
1129	Whatever you want	Status Quo
1130	Waiting for a star to fall	Boy Meets Girl
1131	Since you've been gone	Rainbow

1132	Sweet obsession	Bonfire
1133	The letter	Box Tops
1134	Return to sender	Presley, Elvis
1135	Patience	Guns'n Roses
1136	Humble stance	Saga
1137	Iko Iko	Belle Stars
1138	Holy diver	Dio
1139	El condor pasa	Simon & Garfunkel
1140	Der goldene Reiter	Witt, Joachim
1141	Cathedral song	Tikaram, Tanita
1142	Blasphemous rumours	Depeche Mode
1143	Fireball	Deep Purple
1144	Just can't get enough	Depeche Mode
1145	Little 15	Depeche Mode
1146	My prerogative	Brown, Bobby
1147	Man of the world	Fleetwood Mac
1148	Stranglehold	Nugent, Ted
1149	Stripped	Depeche Mode
1150	The rose	Midler, Bette
1151	The flame	Cheap Trick
1152	Sonne in der Nacht	Maffay, Peter
1153	Shelter me	Cocker, Joe
1154	With a little help from my friends	Beatles
1155	Together forever	Astley, Rick
1156	Play with fire	Rolling Stones
1157	Tush	ZZ Top
1158	Turn turn turn	Byrds
1159	Tom Saywer	Rush
1160	Strange kind of woman	Deep Purple
1161	Mother	Pink Floyd
1162	Military man	Moore, Gary
1163	Angel eyes	Wet Wet Wet
1164	Children of the revolution	T. Rex
1165	Crusader	De Burgh, Chris
1166	Don't stand so close to me	Police
1167	Get to France	Oldfield, Mike
1168	Frauen kommen langsam	Deter, Ina
1169	Foolish beat	Gibson, Debbie
1170	For you	Chapman, Tracy
1171	Everlasting love	Sandra
1172	I thank you	ZZ Top
1173	Human nature	Jackson, Michael
1174	Don't you want me	Human League
1175	Angst	Grönemeyer, Herbert
1176	More than I can bear	Matt Bianco
1177	So lang man noch Träume leben kann	Münchner Freiheit
1178	This is not America	Bowie, David
1179	Under the boardwalk	Rolling Stones
1180	Roll over Beethoven	ELO
1181	Seek and destroy	Metallica
1182	Walking on the moon	Police
1183	Why did you do it	Stretch
1184	Twilight Zone	Moses P.
1185	Tell me why	Bronski Beat

1186	Thank you for the music	Abba
1187	The chain	Fleetwood Mac
1188	The race	Yello
1189	Mehr davon	Toten Hosen
1190	Miss you	Rolling Stones
1191	Helter skelter	Beatles
1192	Helloween	Helloween
1193	Father of day, father of night	Mann, Manfred
1194	For your eyes only	Easton, Sheena
1195	Have you ever seen the rain	CCR
1196	Get ready	Rare Earth
1197	All by myself	Carmen, Eric
1198	Are you lonesome tonight	Presley, Elvis
1199	Daydream believer	Monkees
1200	Je marche seul	Goldman, J.J.
1201	Kyrie	Mr. Mister
1202	I have a dream	Abba
1203	I want to hold your hand	Beatles
1204	Can't stop loving you	Toto
1205	Don't fear the reaper	Blue Öyster Cult
1206	America	Nannini, Gianna
1207	Airport	Motors
1208	Every little step	Brown, Bobby
1209	Radio brennt	Ärzte
1210	Pop muzik	M.
1211	Roundabout	Yes
1212	When love comes to town	U2
1213	We'll be together	Sting
1214	Go for gold	Winners
1215	Happy ending	Jackson, Joe
1216	Geiler is schon	Westernhagen
1217	Fast as a shark	Accept
1218	Endless summer nights	Marx, Richard
1219	Birdland	Weather Report
1220	Airport	Lindenberg, Udo
1221	Copacabana	EAV
1222	Confusion	ELO
1223	How can I fall	Breathe
1224	Lady of the dawn	Batt, Mike
1225	Joana	Kool & The Gang
1226	In Zaire	Wakelin, Johnny
1227	Jumping jack flash	Franklin, Aretha
1228	It's Blosmusik	Grachmusikoff
1229	Don't be cruel	Brown, Bobby
1230	Der Kommissar	Falco
1231	Der Dorftrottel	Hirsch, Ludwig
1232	Close my eyes forever	Ford, Lita
1233	A question of time	Depeche Mode
1234	Heaven in my hand	Level 42
1235	Every little thing she does is magic	Police
1236	Every beat of my heart	Stewart, Rod
1237	Love will tear us apart	Joy Division
1238	Moments in love	Art Of Noise
1239	Midnight lady	Norman, Chris

1240	Soulman	Blues Brothers
1241	Paul	Ärzte
1242	Pictures in the dark	Mike Oldfield
1243	River deep, mountain high	Turner, Ike & Tina
1244	Redemption Song	Mann, Manfred
1245	Stairway to heaven	Far Corporation
1246	Streets of London	McTell, Ralph
1247	These dreams	Heart
1248	No easy way out	Tepper, Robert
1249	Marcia Baila	Les Rita Mitsouko
1250	Love like a man	Ten Years After
1251	Forgotten sons	Marillion
1252	Fever	Presley, Elvis
1253	Banana boat	Belafonte, Harry
1254	Container love	Boa, Phillip
1255	Destiny	Rush, Jennifer
1256	It's only love	Adams, Bryan
1257	In too deep	Genesis
1258	Killing an Arab	The Cure
1259	Kleiner grüner Kaktus	Comedian Harmonists
1260	Dancing on the ceiling	Richie, Lionel
1261	Big mouth strikes again	Smiths
1262	Get down on it	Kool & The Gang
1263	Move over	Joplin, Janis
1264	Miss you so	Bianco, Bonnie
1265	Nothing that compares to you	Jacksons
1266	Where do you go to	Sarstedt, Peter
1267	Take me to your heart	Astley, Rick
1268	Ti sento	Bazar, Matia
1269	Say say say	McCartney, Paul
1270	S-Express	S-Express
1271	Polizei	Extrabreit
1272	Rosanna	De Burgh, Chris
1273	Material girl	Madonna
1274	Going up the country	Canned Heat
1275	Am Tag als Conny Kramer starb	Werding, Juliane
1276	Antisocial	Anthrax
1277	Borderline	De Burgh, Chris
1278	Can't buy me love	Beatles
1279	Chariots of fire	Vangelis
1280	Children's crusade	Sting
1281	How far Jerusalem	Magnum
1282	Cruise missile	Fischer-Z
1283	Coming home	Scorpions
1284	Bring on the night	Sting
1285	Catch the wind	Donovan
1286	All I have to do is dream	Everly Brothers
1287	Locomotion	Minogue, Kylie
1288	Living in America	Brown, James
1289	Little red corvette	Prince
1290	Love is like oxygene	Sweet
1291	Oxygene	Jarre, J.M.
1292	On the rebound	Ballard, Russ
1293	Shattered dreams	Johnny Hates Jazz

1294	Sun always shines on TV	Aha
1295	Tango Korrupti	Fendrich, Rainhard
1296	True blue	Madonna
1297	Venus	Bananarama
1298	Was it all worth it	Queen
1299	When the rain begins to fall	Zadora, Pia
1300	White wedding	Idol, Billy
1301	What you get is what you see	Turner, Tina
1302	Speed king	Deep Purple
1303	St. Elmo's Fire	Parr, John
1304	Tango	Dalbello
1305	New kid in town	Eagles
1306	My teddybear	Presley, Elvis
1307	Märchenprinz	EAV
1308	Legs	ZZ Top
1309	Kings of metal	Manowar
1310	Ich will Spaß	Markus
1311	I need love	L.L. Cool J.
1312	He knows you know	Marillion
1313	Fine time	Yazz
1314	Handle with care	Traveling Wilburys
1315	Be careful with the axe Eugene	Pink Floyd
1316	Der blonde Hans	Kröger, Hannes
1317	Don't break my heart again	Whitesnake
1318	Buffalo soldier	Marley, Bob
1319	Changes	Black Sabbath
1320	Crimson and clover	James, Tommy
1321	A glass of champagne	Sailor
1322	Babe	Styx
1323	Anchorage	Shocked, Michelle
1324	Fliegen	Köberlein, Alexander
1325	Get up stand up	Marley, Bob
1326	Everywhere	Fleetwood Mac
1327	See the light	Healy, Jeff
1328	Monopoli	Lage, Klaus
1329	Mary's prayer	Wilson, Danny
1330	Man behind the mask	Cooper, Alice
1331	Like a hurricane	Young, Neil
1332	Live and let die	Wings
1333	Living daylights	Aha
1334	Something	Beatles
1335	The letter	Cocker, Joe
1336	That's what friends are for	Warwick, Dionne
1337	You and I	Delegation
1338	You've lost that loving feeling	Righteous Brothers
1339	Tin soldier	Small Faces
1340	Wishing well	Trent D'Arby, Terence
1341	You've got a friend	Taylor, James
1342	You are the sunshine of my life	Wonder, Stevie
1343	Strange love	Depeche Mode
1344	If not now	Chapman, Tracy
1345	Live's in the balance	Browne, Jackson
1346	Long train running	Doobie Brothers
1347	Mr. blue sky	ELO

1348	Rock'n roll children	Dio
1349	Real love	Watley, Jody
1350	Jericho	Simply Red
1351	I only wanna be with you	Samantha Fox
1352	First cut is the deepest	Stewart, Rod
1353	Feels like heaven	Fiction Factory
1354	Fire	Brown, Arthur
1355	Gypsy	Fleetwood Mac
1356	Blumen	Ärzte
1357	Eleanor Rigby	Beatles
1358	Daddy cool	Boney M.
1359	Das Model	Kraftwerk
1360	Death of a clown	Kinks
1361	Break on through	Doors
1362	Buddy Joe	Golden Earring
1363	Helter skelter	U2
1364	Give a little bit	Supertramp
1365	Lazy	Deep Purple
1366	Just the way you are	Joel, Billy
1367	Junimond	Reiser, Rio
1368	Jack	AC/DC
1369	Rock me baby	McCrae, George
1370	Money's too tight to mention	Simply Red
1371	Living on video	Trans X
1372	The sun ain't gonna shine anymore	Walker Brothers
1373	The promise you made	Robin, Cock
1374	When the smoke is going down	Scorpions
1375	White bird	It's a Beautiful Day
1376	Take me home	Collins, Phil
1377	Sometimes	Erasure
1378	The search is over	Survivor
1379	Nobody is perfect	Mike & The Mechanics
1380	Mad world	Tears For Fears
1381	Lean on me	Club Nouveau
1382	Mornin'	Jarreau, Al
1383	Oh yeah	Roxy Music
1384	Ruby Tuesday	Melanie
1385	Reet petite	Wilson, Jackie
1386	Rockit	Hancock, Herbie
1387	Rock'n roll highschool	Ramones
1388	All cried out	Moyet, Alison
1389	Just the two of us	Washington, Grover
1390	La luce buona delle stelle	Ramazzotti, Eros
1391	Fiesta	Pogues
1392	Could you be loved	Marley, Bob
1393	Die Hessen kommen	Rodgau Monotones
1394	Don't look back	Boston
1395	Caroline	Status Quo
1396	Friends will be friends	Queen
1397	Got my mind set on you	Harrison, George
1398	Heaven can wait	Sandra
1399	I got a name	Croce, Jim
1400	Hot water	Level 42
1401	I need you	BVSMP

1402	If I was	Ure, Midge
1403	Opelgang	Roten Rosen
1404	Miracle	Queen
1405	Stand back	Nicks, Stevie
1406	Sheila	Roe, Tommy
1407	Solid rock	Dire Straits
1408	Tokyo	Tokyo
1409	Wie vor Jahr und Tag	Mey, Reinhard
1410	Who'll stop the rain	CCR
1411	We belong	Benatar, Pat
1412	Walk like an Egyptian	Bangles
1413	Us and them	Pink Floyd
1414	Wild world	Stevens, Cat
1415	Why can't we live together	Sade
1416	Time is up	Saga
1417	The only way is up	Yazz
1418	The times they are changing	Dylan, Bob
1419	Stop in the name of love	Supremes
1420	Living in a world	Axxis
1421	Nessaja	Maffay, Peter
1422	Love of my life	Queen
1423	Mr. Tambourine man	Dylan, Bob
1424	Moria	Anyone's Daughter
1425	Rain	Trent D'Arby, Terence
1426	Red house	Hendrix, Jimi
1427	Oh l'amour	Erasure
1428	Down down	Status Quo
1429	Barcelona	Mercury, Freddie
1430	Autobahn	Kraftwerk
1431	Babarcar	Gall, France
1432	In the neighbourhood	Waits, Tom
1433	Hurra, hurra die Schule brennt	Extrabreit
1434	Help me make it through the night	Turner, Tina
1435	Good tradition	Tikaram, Tanita
1436	For a friend	Communards
1437	Flaming star	Presley, Elvis
1438	Foolin'	Def Leppard
1439	Industrial disease	Dire Straits
1440	I am the walrus	Beatles
1441	Albatros	Karat
1442	All she wants is	Duran Duran
1443	All or nothing	Small Faces
1444	Anna	BAP
1445	California girls	Beach Boys
1446	Dance little sister	Trent D'Arby, Terence
1447	Dreams	Van Halen
1448	Satellite	Hooters
1449	Oh yeah	Yello
1450	Lovely day	Withers, Bill
1451	Sie brauchen keinen Führer	Lindenberg, Udo
1452	Universal soldier	Donovan
1453	Where do broken hearts go	Houston, Whitney
1454	What I am	Brickell, Edie
1455	Waterfront	Simple Minds

1456	Prove your love	Dayne, Taylor
1457	Only you	Flying Picketts
1458	Eight miles high	Golden Earring
1459	Big time	Gabriel, Peter
1460	Blue suede shoes	Presley, Elvis
1461	Back in the high life again	Winwood, Steve
1462	Asimbonanga	Clegg, Johnny
1463	Homeless	Simon, Paul
1464	Hungry heart	Springsteen, Bruce
1465	Just like a woman	Dylan, Bob
1466	Es war Sommer	Maffay, Peter
1467	Fade to black	Metallica
1468	Experiment	Bush, Kate
1469	Girl	Beatles
1470	Hocus Pocus	Focus
1471	Frau ich freu mich	BAP
1472	For those about to rock	AC/DC
1473	Baby, I don't care	Transvision Vamp
1474	Big love	Fleetwood Mac
1475	Gimme some lovin'	Spencer Davis Group
1476	African reggae	Hagen, Nina
1477	She's got her ticket	Chapman, Tracy
1478	Three times a lady	Commodores
1479	Take the long way home	Supertramp
1480	This is the day	The The
1481	The sixteens	Sweet
1482	Per Elisa	Alice
1483	Oh Sherrie	Perry, Steve
1484	One	Bee Gees
1485	Rääts un links vum Bahndamm	BAP
1486	Let's groove	Earth, Wind & Fire
1487	Nowhere man	Beatles
1488	Turn back the clock	Johnny Hates Jazz
1489	Wenn du so bist wie dein Lachen	Deter, Ina
1490	Welcome home	Metallica
1491	25 years	Catch
1492	Crime of the century	Supertramp
1493	Come on feel the noise	Quiet Riot
1494	Circles in the sand	Carlisle, Belinda
1495	Bamboleo	Gypsy Kings
1496	An der Nordseeküste	Klaus & Klaus
1497	Age of reason	Farnham, John
1498	Aller guten Dinge sind drei	Mey, Reinhard
1499	How deep is your love	Bee Gees
1500	Fallen angel	Poison
1501	Fight for your right to party	Beastie Boys

Die Hitliste nach Gruppen

Platz	Titel	Gruppe	Punkte
94	Look of love	ABC	1224
1472	For those about to rock	AC/DC	110
1368	Jack	AC/DC	120
1067	Heartseeker	AC/DC	160
712	Whole lotta rosie	AC/DC	249
609	Who made who	AC/DC	290
519	Touch too much	AC/DC	338
247	Hells bells	AC/DC	660
198	Highway to hell	AC/DC	767
155	T.N.T.	AC/DC	930
1202	I have a dream	Abba	141
1186	Thank you for the music	Abba	142
1098	Knowing me, knowing you	Abba	156
1063	Fernando	Abba	163
1025	Eagle	Abba	171
976	S.O.S.	Abba	178
821	Dancing queen	Abba	217
661	The winner takes it all	Abba	270
356	Waterloo	Abba	462
389	Forever your girl	Abdul, Paula	431
88	Straight up	Abdul, Paula	1278
1217	Fast as a shark	Accept	138
785	Metal heart	Accept	229
1256	It's only love	Adams, Bryan	135
518	Run to you	Adams, Bryan	340
331	Heaven	Adams, Bryan	490
73	Summer of '69	Adams, Bryan	1396
337	Dream on	Aerosmith	483
1356	Blumen	Ärzte	122
1241	Paul	Ärzte	136
1209	Radio brennt	Ärzte	141
856	Claudia	Ärzte	208
556	Ohne dich	Ärzte	318
454	Geschwisterliebe	Ärzte	382
299	Teenager-Liebe	Ärzte	553
276	Elke	Ärzte	600
170	Bitte, bitte	Ärzte	872
104	Zu spät	Ärzte	1173
65	Westerland	Ärzte	1508
1333	Living daylights	Aha	124
1294	Sun always shines on TV	Aha	128
905	You are the one	Aha	194
494	Stay on these roads	Aha	351
272	Hunting high and low	Aha	613
140	Take on me	Aha	993
1005	Don't answer me	Alan Parsons Project	172
982	Eye in the sky	Alan Parsons Project	178
523	Raven	Alan Parsons Project	336
481	Lucifer	Alan Parsons Project	356
997	Mein Freund, der Baum	Alexandra	174
1482	Per Elisa	Alice	108

779	Good vibrations	Beach Boys	230
362	Barbara Ann	Beach Boys	456
268	Kokomo	Beach Boys	620
124	Surfin' USA	Beach Boys	1046
1501	Fight for your right to party	Beastie Boys	108
1487	Nowhere man	Beatles	108
1469	Girl	Beatles	110
1440	I am the walrus	Beatles	113
1357	Eleanor Rigby	Beatles	122
1334	Something	Beatles	124
1278	Can't buy me love	Beatles	130
1203	I want to hold your hand	Beatles	141
1191	Helter skelter	Beatles	142
1154	With a little help from my friends	Beatles	148
1125	Ticket to ride	Beatles	153
1089	Back in the USSR	Beatles	158
1059	All my loving	Beatles	163
1014	She's leaving home	Beatles	171
1008	Lucy in the sky with diamonds	Beatles	171
923	Rock'n roll music	Beatles	191
904	Long and winding road	Beatles	194
886	Norwegian wood	Beatles	198
877	When I'm 64	Beatles	204
808	Come together	Beatles	222
717	Sergeant Pepper's lonely …	Beatles	247
710	Lady madonna	Beatles	249
678	Revolution	Beatles	265
619	A day in the life	Beatles	284
567	Fool on the hill	Beatles	313
553	While my guitar gently weeps	Beatles	319
549	Love me do	Beatles	321
501	Michelle	Beatles	347
498	Get back	Beatles	349
368	All you need is love	Beatles	448
340	Strawberry fields forever	Beatles	478
334	A hard day's night	Beatles	487
300	She loves you	Beatles	547
252	Yellow submarine	Beatles	652
241	Here comes the sun	Beatles	670
203	Twist and shout	Beatles	750
160	Penny Lane	Beatles	921
39	Hey Jude	Beatles	2042
28	Help	Beatles	2454
9	Let it be	Beatles	4268
6	Yesterday	Beatles	4465
425	Save up all your tears	Beck, Robin	406
121	First time	Beck, Robin	1050
1499	How deep is your love	Bee Gees	108
1484	One	Bee Gees	108
1017	Stayin' alive	Bee Gees	171
793	Night fever	Bee Gees	225
747	Ordinary lives	Bee Gees	238
436	Words	Bee Gees	400
282	Massachussetts	Bee Gees	587

194

995	Puff the magic dragon	Peter, Paul & Mary	174
876	Je ne regrette rien	Piaf, Edith	204
1413	Us and them	Pink Floyd	115
1315	Be careful with the axe Eugene	Pink Floyd	126
1161	Mother	Pink Floyd	147
1084	The trial	Pink Floyd	158
1036	At the dark side of the moon	Pink Floyd	167
657	On the turning away	Pink Floyd	273
511	Learning to fly	Pink Floyd	345
466	Great gig in the sky	Pink Floyd	373
437	One of these days	Pink Floyd	400
434	Echoes	Pink Floyd	400
246	Comfortably numb	Pink Floyd	660
90	Money	Pink Floyd	1264
77	Time	Pink Floyd	1370
64	Shine on you crazy diamond	Pink Floyd	1544
7	Brick in the wall	Pink Floyd	4404
2	Wish you were here	Pink Floyd	6541
1060	Big log	Plant, Robert	163
571	Only you	Platters	311
1391	Fiesta	Pogues	118
1088	I'm so excited	Pointer Sisters	158
1500	Fallen angel	Poison	108
476	Every rose has it's thorn	Poison	364
1235	Every little thing she does is magic	Police	136
1182	Walking on the moon	Police	142
1166	Don't stand so close to me	Police	147
445	So lonely	Police	390
228	Message in a bottle	Police	697
157	Roxanne	Police	925
67	Every breath you take	Police	1466
606	Passenger	Pop, Iggy	291
1460	Blue suede shoes	Presley, Elvis	110
1437	Flaming star	Presley, Elvis	114
1306	My teddybear	Presley, Elvis	127
1252	Fever	Presley, Elvis	135
1198	Are you lonesome tonight	Presley, Elvis	142
1134	Return to sender	Presley, Elvis	150
892	It's now or never	Presley, Elvis	198
852	Always on my mind	Presley, Elvis	210
783	Heartbreak hotel	Presley, Elvis	229
720	Don't be cruel	Presley, Elvis	247
277	Love me tender	Presley, Elvis	598
132	Jailhouse Rock	Presley, Elvis	1026
26	In the ghetto	Presley, Elvis	2488
874	Future world	Pretty Maids	204
1289	Little red corvette	Prince	129
901	When doves cry	Prince	196
810	Let's go crazy	Prince	220
751	Batdance	Prince	236
508	Sign of the times	Prince	345
431	Alphabet Street	Prince	402
395	1999	Prince	429
267	Kiss	Prince	622

120	Purple rain	Prince	1054
934	Salty dog	Procul Harum	186
117	A whiter shade of pale	Procul Harum	1062
770	P-machinery	Propaganda	232
1052	Sehnsucht	Purple Schulz	163
1422	Love of my life	Queen	114
1404	Miracle	Queen	116
1396	Friends will be friends	Queen	117
1298	Was it all worth it	Queen	128
1003	A kind of magic	Queen	174
881	Bicycle race	Queen	203
795	Killer queen	Queen	224
659	Somebody to love	Queen	273
637	Don't stop me now	Queen	278
618	I want to break free	Queen	286
570	Spread your wings and fly away	Queen	311
545	Another one bites the dust	Queen	324
510	Radio ga ga	Queen	345
423	Who wants to live forever	Queen	408
317	39	Queen	514
50	We will rock you	Queen	1777
17	Bohemian rhapsody	Queen	3358
14	I want it all	Queen	3552
5	We are the champions	Queen	4804
1493	Come on feel the noise	Quiet Riot	108
686	Keep on loving you	REO Speedwagon	260
363	Can't fight this feeling anymore	REO Speedwagon	454
1078	Self control	Raff	160
205	Baker Street	Rafferty, Gerry	746
953	Sea of time	Rainbirds	183
222	Blueprint	Rainbirds	712
1131	Since you've been gone	Rainbow	150
1116	Catch the rainbow	Rainbow	153
1100	Stargazer	Rainbow	156
1012	Rainbow eyes	Rainbow	171
846	Long live rock'n roll	Rainbow	210
287	Black Betty	Ram Jam	575
644	Solo con te	Ramazzott, Eros	274
1390	La luce buona delle stelle	Ramazzotti, Eros	118
285	Adesso tu	Ramazzotti, Eros	577
188	Musica é	Ramazzotti, Eros	794
1387	Rock'n roll highschool	Ramones	118
1196	Get ready	Rare Earth	142
680	The witch	Rattles	265
1041	Bolero	Ravel	164
860	Let's dance	Rea, Chris	208
456	On the beach	Rea, Chris	382
292	Josephine	Rea, Chris	565
801	Send me an angel	Real Life	222
1081	You to me are everything	Real Thing	158
400	Sittin' on the dock of the bay	Redding, Otis	426
206	Take a walk on the wild side	Reed, Lou	742
1367	Junimond	Reiser, Rio	120
290	König von Deutschland	Reiser, Rio	569

Die Hitliste nach Titeln

Platz	Titel	Gruppe	Punkte
619	A day in the life	Beatles	284
467	A forest	The Cure	371
1321	A glass of champagne	Sailor	124
180	A groovy kind of love	Collins, Phil	834
334	A hard day's night	Beatles	487
264	A horse with no name	America	628
1003	A kind of magic	Queen	174
1094	A new flame	Simply Red	156
676	A question of lust	Depeche Mode	265
1233	A question of time	Depeche Mode	136
1070	A walk in the park	Straker, Nick	160
117	A whiter shade of pale	Procul Harum	1062
910	A whiter shade of pale	Doro	194
1019	A word in Spanish	John, Elton	171
285	Adesso tu	Ramazzotti, Eros	577
177	Africa	Toto	847
1476	African reggae	Hagen, Nina	109
1069	After midnight	Clapton, Eric	160
223	After the war	Moore, Gary	712
209	Against all odds	Collins, Phil	736
1497	Age of reason	Farnham, John	108
928	Ain't no sunshine	Withers, Bill	189
138	Ain't nobody	Khan, Chaka	1008
1220	Airport	Lindenberg, Udo	138
1207	Airport	Motors	141
695	Alabama song	Doors	256
1441	Albatros	Karat	113
483	Albatross	Fleetwood Mac	356
311	Alive and kicking	Simple Minds	524
579	Alkohol	Grönemeyer, Herbert	305
1286	All I have to do is dream	Everly Brothers	129
677	All I want is you	U2	265
244	All along the watch tower	Hendrix, Jimi	662
458	All at once	Houston, Whitney	378
1197	All by myself	Carmen, Eric	142
1388	All cried out	Moyet, Alison	118
1059	All my loving	Beatles	163
289	All night long	Richie, Lionel	573
1443	All or nothing	Small Faces	113
504	All right now	Free	347
1442	All she wants is	Duran Duran	113
219	All we are	Warlock	718
729	All you Zombies	Hooters	242
368	All you need is love	Beatles	448
1498	Aller guten Dinge sind drei	Mey, Reinhard	108
353	Alone	Heart	464
431	Alphabet Street	Prince	402
895	Altbierlied	Toten Hosen	196
166	Always on my mind	Pet Shop Boys	904
852	Always on my mind	Presley, Elvis	210
627	Always somewhere	Scorpions	282

233

Bilderverzeichnis

Persönliches Merkblatt 1

Lob

Tadel

Persönliches Merkblatt 2

Vorschläge für die Top 2000 X

Persönliches Merkblatt 3

Notizen zur Lösung des Preisrätsels

Persönliches Merkblatt 4

Wo finde ich meinen Sender?

SDR 3
Postfach 10 60 40
Neckarstr. 230
7000 Stuttgart 1

SDR 3 Wortredaktion: 0711/288-2413
Anrufbeantworter: 0711/3051
SDR 3 Musikredation: 288-2618
SDR 3 POINT Anrufbeantworter: 0711/264019

Frequenzen:

Stuttgart III	92,2 MHz
Heidelberg-Königstuhl III	99,9 MHz
Waldenburg III	96,5 MHz
Aalen III	98,1 MHz
Ulm III	97,4 MHz
Weinheim III	99,5 MHz
Bad Mergentheim III	99,7 MHz
Geislingen-Oberböhringen III	95,5 MHz
Wertheim III	94,6 MHz
Langenbrand (Pforzheim) III	97,0 MHz
Blaubeuren III	98,9 MHz

Persönliches Merkblatt 5

**Geburtstage von Freunden, denen ich
dieses Buch schenken möchte:**

Stuttgarter Verhältnisse

(Stadt & Region)

der weite horizont

ISBN 3-925860-21-5

Der Durchblick für alle in und um Stuttgart bis zum weiten Horizont: Das Buch über Shopping, Freizeit, Sport, Mode, Kneipen, Kultur und Sensationen. Das Buch für alle Fälle: 632 Seiten zum Les- und Spartarif von 19.80 DM (unverbindliche Preisempfehlung) ab Ende November '89 überall dort, wo's Bücher gibt.

FACTOR : VERLAG : STUTTGART : GMBH

STADT & REGION

Das Trend-Buch für alle Kultur-Fragen von Architektur bis Theater, von Foto und Design bis Szene Stuttgart mit ausführlichem Register und allem kulturellem Pi Pa Po zum Kunstpreis von 19.80 DM (unverbindliche Preisempfehlung) überall, wo's Bücher gibt.
FACTOR : VERLAG : STUTTGART

Und weiter?

Was gibt's nächstes Jahr an interessanten FACTOR-Büchern?

Babbel babbel, klatsch tratsch,
warum nicht mal ein freches Buch über die Prominenz lesen?
Wir helfen dem Mangel an aktuellem Klatsch ab.

SOCIETY — PROMINENZ PRIVAT

ein FACTOR-Buch über Stuttgart und Region

Whammer, Boing

Und dies ist Freddy Bandito, der Rächer der Gerechten. Im 90er Jahr kommt **BIG CITY IN GEFAHR**, ein Comic on the Air von Fred Breinersdorfer und Hans-Peter Archner, gezeichnet von Thilo Rothacker, im Radio für den Wilden Süden und im FACTOR : VERLAG : STUTTGART